Hilmar Reusch

Ausschlussmechanismen im Multikulturalismus

Ökonomisierung von Migration und MigrantInnen aus multidisziplinärer Perspektive

Diplomica Verlag GmbH

Reusch, Hilmar: Ausschlussmechanismen im Multikulturalismus: Ökonomisierung von Migration und MigrantInnen aus multidisziplinärer Perspektive, Hamburg, Diplomica Verlag GmbH 2013

Buch-ISBN: 978-3-8428-8232-4
PDF-eBook-ISBN: 978-3-8428-3232-9
Druck/Herstellung: Diplomica® Verlag GmbH, Hamburg, 2013

Bibliografische Information der Deutschen Nationalbibliothek:
Die Deutsche Nationalbibliothek verzeichnet diese Publikation in der Deutschen Nationalbibliografie; detaillierte bibliografische Daten sind im Internet über http://dnb.d-nb.de abrufbar.

Das Werk einschließlich aller seiner Teile ist urheberrechtlich geschützt. Jede Verwertung außerhalb der Grenzen des Urheberrechtsgesetzes ist ohne Zustimmung des Verlages unzulässig und strafbar. Dies gilt insbesondere für Vervielfältigungen, Übersetzungen, Mikroverfilmungen und die Einspeicherung und Bearbeitung in elektronischen Systemen.

Die Wiedergabe von Gebrauchsnamen, Handelsnamen, Warenbezeichnungen usw. in diesem Werk berechtigt auch ohne besondere Kennzeichnung nicht zu der Annahme, dass solche Namen im Sinne der Warenzeichen- und Markenschutz-Gesetzgebung als frei zu betrachten wären und daher von jedermann benutzt werden dürften.

Die Informationen in diesem Werk wurden mit Sorgfalt erarbeitet. Dennoch können Fehler nicht vollständig ausgeschlossen werden und die Diplomica Verlag GmbH, die Autoren oder Übersetzer übernehmen keine juristische Verantwortung oder irgendeine Haftung für evtl. verbliebene fehlerhafte Angaben und deren Folgen.

Alle Rechte vorbehalten

© Diplomica Verlag GmbH
Hermannstal 119k, 22119 Hamburg
http://www.diplomica-verlag.de, Hamburg 2013
Printed in Germany

Inhaltsverzeichnis

Abkürzungsverzeichnis 8
Einleitung 9
1. Bestimmung des Multikulturalismusbegriffs im globalen Kontext 15
2. Neuer Realismus in Europa 19
3. Politische Situation in Deutschland seit dem Jahr 2000 21
   3.1. Öffentliche Meinung zu Multikulturalismus 24
   3.2. Lokale Multikulturalismus-Projekte ohne Multikulturalismus auf Bundesebene 24
   3.3. Multikulturalismus in Schulen 25
   3.4. Multikulturalismus in Rundfunkanstalten 26
   3.5. Spannungsfeld Moscheenbau 26
   3.6. Medialer Multikulturalismus-Diskurs in Deutschland mit Fokus auf Argumentationsstrategien bzw. -taktiken seitens des Neuen Realismus 26
      3.6.1. ‚Multikulturalismus ist eine allumfassende Doktrin' 28
      3.6.2. ‚Im Multikulturalismus werden Gedanken und Sprache kontrolliert' 29
      3.6.3. ‚Multikulturalismus leistet der Entstehung einer Parallelgesellschaft Vorschub' . 29
      3.6.4. ‚Multikulturalismus versperrt sich gemeinsamer Werte' 30
      3.6.5. ‚Multikulturalismus verschließt die Augen vor Problemen' 32
      3.6.6. *Multikulturalismus fördert verwerfliche Praktiken'* 33
      3.6.7. ‚Multikulturalismus bietet einen Nährboden für Terrorismus' 34
4. Zielsetzung und Eingrenzung 37
5. Hypothesen 39
6. Methoden 40
   6.1. Methoden aus dem Feld der Pragmatik im Rahmen der Kritischen Diskursanalyse 41
      6.1.1. Wahrheitswerte 41
      6.1.2. Präsuppositionen 42
      6.1.3. Intensivierende Worte und Heckenausdrücke 42
      6.1.4. Inklusives und exklusives Wir 43
      6.1.5. Weitere methodische Ansprüche seitens der KDA zur Gewährleistung eines interpretativen, erklärenden und historischen Gehaltes 44
   6.2. Theoretische Grundlage für den Entwurf des Fragekatalogs 46
      6.2.1. Grundriss der Kritischen Theorie nach Habermas 47
      6.2.2. Der Begriff der kommunikativen Vernunft 48

6.2.3. Der Begriff des kommunikativen Handelns 50
6.2.4. Lebenswelt und System 51
6.2.5. Taylors Multikulturalismus und die Politik der Anerkennung (2009) 54
6.2.6. Honneths Anerkennung als Ideologie (2004) 56
6.5. Fragen- bzw. Kriterienkatalog zur Bewertung des Multikulturalismus-Diskurses 60

7. Erste Analyse: Das Werk Deutschland schafft sich ab – Wie wir unser Land aufs Spiel setzen (2010) von Thilo Sarrazin 62

7.1. Kontextuelle Einbettung von Sarrazins Intelligenzbegriff 63
Gruppe 64
7.2. Sarrazins Intelligenzbegriff 65
7.3. Die Reproduktion eines darwinistischen Hegemonialdiskurses 75
7.4. Sarrazins Auslegung von Darwin 76
7.5. Unklarheiten *in puncto* Bestimmung von Liberalismus 1 oder 2 78

8. Zweite Analyse: Das Amt für multikulturelle Angelegenheiten (*AmkA*) in Frankfurt am Main 80

8.1. Chronologie des Amtes für multikulturelle Angelegenheiten (AmkA) von 1989 bis 2010 80
8.2. Anfänge 81
8.3. Die Phase vor dem Jahr 2000 83
8.4. Die Phase von 2001 bis 2010 86
8.5. Analyse *des Integrationskonzepts 2010 – Vielfalt bewegt Frankfurt Integrations- und Diversitätskonzept für Stadt, Politik und Verwaltung. Grundsätze Ziele Handlungsfelder* (2010) 92

8.5.1. Ergebnisse der Analyse des Pronomens *Wir*, Präsuppositionen und Wahrheitswerten: Ein stadtgesellschaftlicher Glaubensentwurf als Reaktion auf Neuen Realismus 94
8.5.2. Weitere Ergebnisse der Analyse des Pronomens Wir – Eine Kreativitätsdialektik als Wegbereiter des normativen Wandels 102
8.5.3. Der Netzwerkgedanke in die Stadtpolitik, seine Verwandtschaft mit darwinscher Metaphorik und potenzielle Ausschlussrisiken neuerer Weichenstellungen 107
8.5.4. Eine Mischform aus Liberalismus 1 und 2 als Resultat des Einflusses des Neuen Realismus 110

9. Gegenüberstellung von Ergebnissen auf Grundlage der Analysen und Diskussion. 112

10. Zusammenfassung 118
11. Fazit und Ausblick 133
Literaturverzeichnis 134

Abkürzungsverzeichnis

AmkA:	Amt für multikulturelle Angelegenheiten (in Frankfurt / Main)
AOE:	Ausbildungsorientierte Elternarbeit
BASF AG:	Badische Anilin- & Soda-Fabrik AG (Unternehmen)
CLIP:	'Cities for Local Integration Policies'
D:	Diskursprinzip (nach Habermas)
EU:	Europäische Union
HIPPY:	'Home Instruction for Parents of Preschool Youngsters'
HKM:	Hessisches Kultusministerium
HIWA:	Beratungsstelle für ältere Migrantinnen und Migranten
KDA / CDA:	Kritische Diskursanalyse / Critical Discourse Analysis
M.A.R.E.:	‚Migration und Arbeit Rhein-Main – Regionale Entwicklungspartnerschaft'
NAPAP:	'NGOs and Police Against Prejudice'
OECD:	Organisation für wirtschaftliche Zusammenarbeit und Entwicklung
PISA:	Programme for International Student Assessment
RuStAG:	Reichs- und Staatsangehörigkeitsgesetz
SAP:	Systeme Anwendungen Produkte GbR (Unternehmen)
StAG:	Staatsangehörigkeitsgesetz
TIES:	'The Integration of The European Second Generation'
UN:	United Nations / Vereinte Nationen
ZuwandG:	Zuwanderungsgesetzes

Einleitung

Da der Ausschuss des *UN Staatenberichts 2011* neben der Sozialpolitik Deutschlands kritisiert, dass Migranten unter Diskriminierung zu leiden hätten (VEREINTE NATIONEN (UN) 2011:4), erscheint eine kritische Auseinandersetzung mit dem Thema Multikulturalismus in Deutschland sinnvoll, wenn nicht sogar erforderlich. In dieser Studie gilt es zu bestimmen, welchen Einfluss Neuer Realismus am Beispiel der Dialektik Thilo Sarrazins in *Deutschland schafft sich ab – Wie wir unser Land aufs Spiel setzen* (2010) auf den deutschen Multikulturalismusdiskurs am Beispiel des Frankfurter Amtes für multikulturelle Angelegenheiten (*AmkA*) hatte und inwieweit stilistische Überscheidungen analysierter Schriftstücke aus diesen beiden Quellen historisch verankerbar sind, weil daraus gewonnene Erkenntnisse dazu verhelfen können, zeitgemäße Ausschlusspraktiken, respektive Alltagsrassismus, besser sichtbar zu machen. Dies geschieht primär mittels Analyse der Rhetorik in ausgewählten Passagen aus Sarrazins Werk und anschließendem Abgleich mit dem *Integrationskonzept 2010 – Vielfalt bewegt Frankfurt Integrations- und Diversitätskonzept für Stadt, Politik und Verwaltung. Grundsätze Ziele Handlungsfelder* (2010), welches von der Abteilung *AmkA* des Magistrats Frankfurt herausgegeben wurde. Sprich, es erfolgen zwei Analysen, in denen Befunde der ersten in die der zweiten einfließen. Methodisch liegt derweil ein Akzent auf der Kritischen Theorie nach Habermas (nach ISER & STRECKER 2010) sowie auf einer kommunitaristischen Perspektive nach Taylor (1996) und Überlegungen zu Anerkennung nach Honneth (2004). Abgesehen davon besteht ein Fokus auf Kritische Diskursanalyse (KDA, im englischen CDA), was im Teil zu Methoden ausführlicher dargelegt werden wird.

Vor der Analyse werden eine Begriffsbestimmung von Multikulturalismus und eine Bedingungsanalyse für Deutschland vorgenommen. Die Begriffsbestimmung in Kapitel 1 erfolgt zunächst im globalen Kontext, um in Kapitel 2 die Strömung des Neuen Realismus in Europa zu thematisieren, welche nach Prins und Sliper (2002) seit etwa 1990 eine Gegenbewegung zu Multikulturalismus darstellt und mittlerweile in ganz Europa verbreitet ist. Anschließend wird sich in Kapitel 3 der Bedingungsanalyse für Deutschland zugewandt. Bedeutsam ist dahingehend die politische Situation hinsichtlich der Integration in Deutschland seit dem Jahr 2000. Daran anknüpfend werden die öffentliche Meinung zu Multikulturalismus (Teil 3.1.), lokale Multikulturalismus-Projekte ohne Multikulturalismus auf Bundesebene (Teil 3.2.), Multikulturalismus in Schulen (Teil 3.3), Multikulturalismus in der Rundfunkanstalten (Teil 3.4.), das Spannungsfeld Moscheenbau (Teil 3.5.) und der mediale Multikulturalismus-Diskurs mit Blick auf Argumentationsstrategien bzw. -taktiken seitens des Neuen Realismus (Teil 3.6.) besprochen. *En detail* werden folgende Argumentationsstrategien bzw. -taktiken mit Beispielen aus der deutschen Presse behandelt und auf ihren Wahrheitsgehalt hin überprüft: ‚Multikulturalismus ist eine allumfassende Doktrin' (Teil 3.6.1.), ‚Im Multikulturalismus werden Gedanken und Sprache kontrolliert' (Teil 3.6.2.), ‚Multikulturalismus leistet der Entstehung einer *Parallelgesellschaft* Vorschub' (Teil 3.6.3), ‚Multikulturalismus versperrt sich gemeinsamer Werte' (Teil 3.6.4.), ‚Multikulturalismus verschließt die Augen vor Problemen' (Teil 3.6.5.), ‚Multikulturalismus fördert verwerfliche Praktiken' (Teil 3.6.6.), und ‚Multikulturalismus bietet einen Nährboden für Terrorismus' (Teil 3.6.7.).

In Kapitel 4 werden eine Zielsetzung und eine Eingrenzung formuliert. Obendrein gilt es zu begründen, weshalb die Wahl auf die beiden o.g. Schriftstücke zwecks Analyse fällt. Da sich im Zuge der Auseinandersetzung mit den Argumentationsstrategien bzw. -taktiken vorgebrachte Kritik als mehr oder weniger gegenstandslos und kaum oder nicht belegbar erweist, werden in Kapitel 5 folgende Hypothesen aufgestellt: (1) Im Sinne des Slogans „Fordern und Fördern" sind wirtschaftliche Interessen ausschlaggebend in der Integrationspolitik. (2) Es wird auf Nutzenmaximierung durch offensichtliche oder latente Ausgrenzung bestimmter Gruppen, respektive Farbiger und Muslimen, anstelle von einer Politik der Differenz gesetzt. (3) Ein wirtschaftsliberaler Duktus hat Einzug in die deutsche Integrationspolitik gehalten. Der Ökonomie dienliche Ansätze überschatten somit sukzessive immer weitere Teile der Agenden. (4) Aufgrund geringer Budgetierung, Unterbesetzung und keiner einheitlichen Zielsetzung auf Länder- und/oder Bundesebene ist die Umsetzung der Agenden indes nur mit Einschränkungen gewährleistet.

Kapitel 6 wendet sich Methoden zu: Wie bereits erwähnt, bilden primär Beiträge von Habermas (nach ISER & STRECKER 2010), Taylor (1996) und Honneth (2004) die Grundlage zur tiefer reichenden Analyse des Multikulturalismus-Diskurses. Mit ihrer Hilfe wird ein Fragen- bzw. Kriterienkatalog erstellt. Bindeglied zwischen den verschiedenen Ansätzen ist die von Habermas ausgemachte Unausweichlichkeit des Gebrauchs von Sprache als ein allen Menschen zugängliches Moment zum Erlangen eines Konsens. (vgl. HABERMAS 1968^{2}:163) Sie ermöglicht, die Ansätze zu verknüpfen. In Teil 6.1. wird Abrissen zu den relevanten Beiträgen der drei Theoretiker (Teil 6.2. bis 6.5.) eine Auseinandersetzung mit Anforderungen seitens der KDA und einer daraus abgeleiteten Auswahl von rhetorischen Phänomenen aus dem Feld der Pragmatik vorangestellt, welche es zu analysieren gilt, um Ausschlussmechanismen, Machtverhältnisse und rhetorische

Eigenheiten aufzuzeigen. Zur Analyse der Schriftstücke werden Wahrheitswerte (Teil 6.1.1.), Präsuppositionen (Teil 6.1.2.), intensivierende Worte und Heckenausdrücke (Teil 6.1.3.) sowie inklusives und exklusives *Wir* (Teil 6.1.4.) entscheidend sein und jeweils erklärt. Bei inklusivem und exklusivem *Wir* gilt es, mit ihm in Verbindung stehenden Alltagsrassismus in Anlehnung an van Dijk (1998) zu beleuchten. Neben methodischen Ansprüchen, die diese Vorgehensweise bereits impliziert bedarf es laut Fairclough und Wodak seitens der KDA eines interpretativen, erklärenden und historischen Gehaltes. (FAIRCLOUGH & WODAK 1997:271-280 in: VAN DIJK 2001:352) Ihm wird sich in Teil 6.1.5. zugewandt. Unabdingbar ist die Auseinandersetzung mit den Test-Gütekriterien Objektivität, Reliabilität und Validität im Rahmen der Entwicklungspsychologie und das Zurate ziehen von Beiträgen über Charles Darwin (SARASIN 2010; SLOTERDIJK 1983) bei Sarrazins Werk. Im Kontext des *Integrationskonzepts 2010* werden Kreativwirtschaft (u.a. THIEL 2011, KOPPETSCH 2011) und Netzwerke im Neunen Kapitalismus nach Boltanski und Chiapello (2003) sowie Flexibilisierung nach Sennett (1998) besonderen Stellenwert einnehmen.

Kapitel 6.2. wendet sich der theoretischen Grundlage für den Entwurf des Frage- bzw. Kriterienkatalogs zu. Habermas' Kritische Theorie ist in drei Dimensionen gliederbar: kommunikative Vernunft (Teil 6.2.1.), kommunikatives Handeln (Teil 6.2.2) sowie Lebenswelt und System (Teil 6.2.3.). Inhalte von Taylors Essay *Multikulturalismus und die Politik der Anerkennung* (2009) werden in Teil 6.2.5. ausgeführt, respektive seine Unterscheidung von Liberalismus 1 und 2. Honneths Essay *Anerkennung als Ideologie* (2004) ist Gegenstand in Teil 6.2.6., in dem die Diskrepanz zwischen Evaluativem und Materiellem ausschlaggebend für die Beurteilung von Anerkennungspraktiken ist. Ein auf diesen Grundlagen erstellter Frage- bzw. Kriterienkatalog in Teil 6.2.7. soll gewährleisten, Befunde aus der Diskursanalyse mit den o.g. Mitteln der KDA zu bewerten.

Die erste Analyse konzentriert sich in Kapitel 7 auf das Werk *Deutschland schafft sich ab* (2010) von Thilo Sarrazin. Nach einer Bestimmung eines Kontextes mit Bezug auf Ethnien und Transferleistungsbezug, in den Sarrazin seine Ausführungen einbettet (Teil 7.1.), wird sich auf zwei logische Stränge konzentriert, die für die Rhetorik des Autoren bezeichnend sind: der Intelligenzbegriff (Teil 7.2.) und die Reproduktion eines darwinistischen Hegemonialdiskurses im Zuge des Verweises auf Darwin (Teil 7.3. und 7.4.). Zu guter Letzt wird der Versuch unternommen, Sarrazins Ausführungen tendenziell eher Liberalismus 1 oder Liberalismus 2 zuzuordnen. Dabei ergeben sich Unklarheiten. Befunde hinsichtlich auffälliger Charakteristika in der Rhetorik Sarrazins werden stellvertretend für Neuen

Realismus *in puncto* Integration, in der Analyse des Integrationskonzeptes (2010) Berücksichtigung finden, um einen Einfluss aufzuzeigen, sollte er vorhanden sein.

In Kapitel 8 liegt der Fokus auf der zweiten Analysegrundlage, dem *Integrationskonzept 2010 – Vielfalt bewegt Frankfurt Integrations- und Diversitätskonzept für Stadt, Politik und Verwaltung. Grundsätze Ziele Handlungsfelder* (2010) des *AmkA* in Frankfurt am Main. Als empirische Grundlage zur Ermittlung von Trends im Konzept wird eine Chronologie über Aktivitäten des *AmkA* im Zeitraum 1989 bis 2010 in Teil 8.1. vorangestellt. Aufgeteilt wird in drei Phasen: Anfänge (Teil 8.2.), die Phase vor dem Jahr 2000 (Teil 8.3.) und die Phase von 2001 bis 2010 (Teil 8.4.). Auffälligkeiten werden vor dem Hintergrund des Fragen- bzw. Kriterienkatalogs diskutiert und vorhandene Akzente hinsichtlich der Weichenstellungen eingeschätzt.

Die Analyse des *Integrationskonzepts 2010* (2010) selbst orientiert sich zunächst in Teil 8.5. an Ergebnissen der Analyse des Pronomens *Wir*, Präsuppositionen und Wahrheitswerten im Allgemeinen, welche in Teil 8.6. in einem speziellen Kontext als Grundlage für einen stadtgesellschaftlichen Glaubensentwurf als Reaktion auf Neuen Realismus fungieren, weshalb dies separat behandelt wird. Intensivierende Worte und Heckenausdrücke sind für die Rhetorik im Konzept nicht charakteristisch und werden deshalb nicht thematisiert. In Teil 8.5.2. wird das Ebnen eines Wegs mittels des Pronomen *Wir* in eine Kreativdialektik ausgeführt, welche offenbar einen normativen Wandel einläuten soll. Ausschlaggebend ist derweil u.a. die Ambition von Nutzbarmachung von Potenzialen mittels Anerkennung von Bildungsabschlüssen, also formaler Bildung.

Folgenreich für Machtverhältnisse ist das Moment der Einbeziehung von internationalen business communities', weil es zu Machtungleichgewichten führt. Allerdings bleiben diese Machtverhältnisse und daraus hervorgehende Ausschlussmechanismen aufgrund einer Kreativdialektik diffus, weshalb sich im Teil 8.5.3. mit dem Netzwerkgedanken in der Stadtpolitik auseinandergesetzt wird, der sich im Konzept an vielen Stellen wiederfindet. Fruchtbar erweist sich in Hinblick auf diese Diffusität die Auseinandersetzung mit sozialwissenschaftlichen Beiträgen von Boltanski und Chiapello (2003), Sennett (1998) sowie u.a. Thiel (2011) und Koppetsch (2011). Berührungspunkte zwischen netzwerk- und kreativwirtschaftlicher Ideologie und Befunde über Darwins Metaphorik aus der ersten Analyse werden in Teil 8.2.3. ausgeführt, wenngleich darin primär ein kulturelles Artefakt, kein die Wirklichkeit beschreibendes Moment gesehen werden kann. Wie im Fall der Analyse von *Deutschland schafft sich ab* (2010) wird der Versuch unternommen, die Befunde entweder mit Liberalismus 1 oder mit Liberalismus 2 in Verbindung zu bringen. Dies erfolgt in Teil 8.5.4. Es folgen ein Abgleich der beiden Analysen mit Diskussion der Ergebnisse in Teil 9 und schließlich eine Zusammenfassung (10.) sowie ein Fazit mit Ausblick (11.).

1. Bestimmung des Multikulturalismusbegriffs im globalen Kontext

Sowohl im alltäglichen als auch politischen Sprachgebrauch kursiert ‚Multikulturalismus' als dehnbarer, oft schwammiger Begriff und wird lax gebraucht, um beliebige Positionen argumentativ zu unterfüttern. (HALL 2001:3 in: VERTOVEC & WESSENDORF 2010^2:1) Korrekt verwendet, handelt es sich durchaus um einen komplexen, aber nicht unbedingt beliebig verwendbaren Begriff: In seinen Ursprüngen ging er seit den 1980er Jahren (VERTOVEC & WESSENDORF 2005:3) aus einem Gegenentwurf zur US-amerikanischen *melting pot* Metaphorik hervor, welche Assimilation seitens Einwanderern impliziert. Entgegengesetzte Metaphern wie *salad bowl* oder *glorious mosaic* stehen für ein politisches Leitbild im Sinne des Anstrebens eines friedvollen Nebeneinanders kultureller Elemente im selben Territorium, ohne das eines Essenzielles zu Gunsten anderer aufzugeben hätte. Folglich ist es kein neutraler, deskriptiver Terminus zur Bezeichnung unterschiedlicher Kulturen in einem frei wählbaren Kontext. (GLAZER 1997:10) Geprägt wurde er maßgeblich von Vorreitern wie Kanada, Australien oder England – es handelt sich also um ein modernes, ‚westliches' Modell – sie sind aber längst nicht mehr die einzigen Nationen, die sich ihm verschreiben.

Gewiss kann an diesem Punkt nicht von Komplexität die Rede sein. Sie entfaltet sich erst mit verschiedenen räumlichen Kontexten und Unterschieden in der Gestaltung von Handlungsentwürfen zur Umsetzung des o.g. Leitbildes. Beispielsweise sind Autonomiebestrebungen der frankophonen Provinz Quebec im ansonsten anglophonen Kanada kaum vergleichbar mit den Begebenheiten in den Niederlanden angesichts dessen Kolonialgeschichte, obwohl beiden Nationen ein multikultureller Ruf vorauseilt. Kurzum, „[M]ulticulturalism means different things in different places." (LEY 2010:190 in: VERTOVEC & WESSENDORF 2010^2) "Steven Vertovec (1998) has pointed to at least eight different kinds of multiculturalism while Gerard Delanty (2003) suggests another list with nine types of multiculturalism." (VERTOVEC & WESSENDORF 2010^2:2) Der Begriff steht also für keine allumfassende Doktrin oder eine einheitliche, starre Ideologie, sondern ist Überbegriff für eine Vielzahl unterschiedlicher, kulturpolitischer Handlungsimplikationen zum Zweck der Mediation und/oder Prävention interkultureller Spannungsverhältnisse in diversen voneinander abgegrenzten Territorien.

Die weithin feststellbare Abnahme von Macht und Einfluss des Nationalstaates im Zuge der Globalisierung (HURRELL 2007:26) trägt zur Diffusität des Begriffs bei. Spannungsfelder im Kontext nationaler Multikulturalismus-Diskurse vermischen sich mit solchen, die den

Internationalen Beziehungen zuzuordnen sind. Das wohl bekannteste Beispiel dafür ist die globale Perspektive Huntingtons in *The Clash of Civilizations and the Remaking of World Order* (1996). ‚Der Westen' und der ‚islamische Terrorismus' schüren durch Einsatz ideologischer Dialektik und das Verfolgen utopischer Ziele interkulturelle Spannungen. Andere Akteure stehen dem nicht nach. Getrieben von dem Vorsatz friedvolles Nebeneinander zu begünstigen, ist für die Auseinandersetzung mit Multikulturalismus nicht nur in dieser Untersuchung unerlässlich, dass Menschen in einem jeweiligen Kontext als historische Wesen begriffen werden müssen, und man sollte sich bewusst sein, dass Grundannahmen ‚westlichen' Ursprungs aufgrund ihrer selbsterklärenden Qualität hohen Einfluss auf Urteile haben und der Ambition eines wechselseitigen Dialogs zuwiderlaufen können. (FEATHERSTONE 1996:59) (VAN DIJK 1998:2)

Viele interkulturelle Spannungsfelder entpuppen sich bei näherer Betrachtung weniger als Kultur-, denn als Systemfragen, wozu Featherstone anmerkt: "It is insufficient to assume that [non-western] cultures will simply give way to modernity or to regard their formulations of national paticularity as merely reactions to Western modernity. Rather the globalisation process should be regarded as opening up the sense that now the world is a single place with increased, even unavoidable, contact." (FEATHERSTONE 1996:47) Hurrel gelangt vermutlich nicht zuletzt aus diesem Grund zu dem Schluss: "[A]ll communities and polities have to find ways of dealing with diversity and with value conflict." (HURRELL 2007:42)

Miyoshi sieht in Multikulturalismus primär einen Luxus, der die sozio-ökonomisch unterprivilegiertesten Teile von Gesellschaften nicht erreiche. (MIYOSHI 1996:95 in: WILSON & DISSANAYAKE 1996) "["P]ostcoloniality" and multiculturalism looks suspiciously like another alibi to conceal the actuality of global politics." (MIYOSHI 1996:79 in: WILSON & DISSANAYAKE 1996) Brunckhorst kritisiert abgesehen davon, es zeichne sich ein Trend ab, welcher weltweit in der Ähnlichkeit der Organisationsstrukturen von Regierungen sichtbar wird. „[F]ast überall Antidiskriminierungsquoten, Frauenrechte, Gleichstellungsbeauftragte, und die politischen Führer aller Länder, egal ob sie Kommunisten oder Kapitalisten, religiöse Fundamentalisten oder laizistische Atheisten sind, versprechen überall Fortschritt, Wachstum, Frieden, Umweltschutz und soziale Gerechtigkeit[.]" (BRUNKHORST 2009:112) Umso legitimer ist es, wenn Mitchell darauf verweist, dass Begrifflichkeiten wie Multikulturalismus vor dem Hintergrund symbiotischer Allianzen, die aus transnationalen Kapitalbewegungen hervorgingen, nicht als "*naturally* emancipatory" verstanden werden sollten und dem kontinuierlichem Monitoring sowie permanentem kritischen Hinterfragen bedürften. (MITCHELL 1996:221 in: WILSON & DISSANAYAKE 1996)

Trotz aller Irrungen und Wirrungen weisen multikulturalistische Konzepte Gemeinsamkeiten in der praktischen Umsetzung auf. Freeman schreibt, dass meist Institutionen damit betraut sind, deren Aufgaben eigentlich andere sind. (FREEMAN 2004:948 in: VERTOVEC & WESSENDORF 2010²:2) Kipfer und Keil stellen am Beispiel der Stadt Toronto fest, dass die dortigen Einrichtungen aufgrund von Unterbesetzung weniger Einfluss besitzen, als angenommen werden könnte. (KIPFER & KEIL 2002:237) *Mutatis mutandis* konzentrieren sich die Aufgaben und Tätigkeitsfelder rund um multikulturalistische Konzepte nach Vertovec und Wessendorf (2010²) auf Folgendes:

Aufgaben- bzw. Tätigkeitsfeld	Konkrete Beispiele
Öffentliche 'Anerkennung'	Förderung der Organisationen, Einrichtungen und Aktivitäten ethnischer Minderheiten;
Bildung	Dresscodes, Gender spezifische Praktiken und andere Angelegenheiten, die Sensibilität gegenüber ethnischer oder religiöser Minderheiten erfordern; Gestalten von Curricula, die zur Reflexion über Hintergrund von Schüler/-innen animieren.
Soziale Arbeit	Information, Umstrukturierung und Training von Mitarbeitern in öffentlichen Einrichtungen zur Sensibilisierung für kulturelle Angelegenheiten. (bspw. Sozialarbeiter, Polizisten, Gerichte etc.)
Informationsmaterialien	Staatlich finanzierte Ausgabe von Materialien in mehreren Sprachen. (bspw. Gesundheitskampagnen)
Gesetzgebung	Gesetze zum Schutz vor Diskriminierung, aber auch Einräumen bestimmter Heirats- und Scheidungspraktiken sowie Ausnahmeregelungen wie das Gestatten des Tragens eines Turbans anstelle eines Motorradhelms.
Religiöse Akkommodation	Förderung von Gebetsräumen, -stätten, Friedhöfen, besonderen Begräbnisriten; Einräumen von Zeit für Gebete während der Arbeitszeit.

Essen	Erlauben ritueller Schlachtungen, Bereitstellung bestimmter Nahrungsmittel (halal, kosher, vegan).
Medien- und Öffentlichkeitsarbeit	Monitoring von Images unterschiedlicher Gruppen, um Diskriminierung mittels Stereotypen entgegenzuwirken; Förderung eigener Medieneinrichtungen von Minderheiten.

(nach VERTOVEC & WESSENDORF 2010^2:3, übers. aus dem Englischen, bearbeitet)

2. Neuer Realismus in Europa

Seit dem Jahr 2000 ist in der Medienlandschaft Europas ein Verlust an Rückhalt in Multikulturalismus zu beobachten. (VERTOVEC & WESSENDORF 2010[2]:1) Prins und Sliper (2002) identifizieren das Aufkeimen vom Neuem Realismus im Rahmen öffentlicher Debatten rund um Multikulturalismus seit 1990 in den Niederlanden. „[New Realism] is characterized by what its proponents see as the courage to confront taboos, break silence, intervene 'with guts', and speak the truth surrounding societal ills hidden by a (leftist) consensus of political correctness." (VERTOVEC & WESSENDORF 2010[2]:13) Er ist mittlerweile in ganz Europa verbreitet, *ergo* in Deutschland. Eine Auswahl von Zeitungsartikeln aus der deutschen Presse wird dies in einer Bedingungsanalyse des Deutschen Multikulturalismusdiskurses veranschaulichen. Neuer Realismus kann als eine Gegenbewegung zu Multikulturalismus verstanden werden, und seine Vertreter weisen nach Vertovec und Wessendorf fünf stilistische Charakteristika auf:

1. Der Neue Realist präsentiert sich selbst als jemanden, der sich nicht scheut, der ‚Wahrheit' ins Gesicht zu sehen. Er spricht offen aus, was der hegemoniale Diskurs seines Erachtens bislang verdeckte.
2. Er präsentiert sich als Sprachführer der ‚einfachen Leute', welche wissen, was tatsächlich in der Gesellschaft vorgeht.
3. Er suggeriert, seine Haltung sei eine für die Nation charakteristische.
4. Er suggeriert, progressive Eliten hätten die Herrschaft des Volkes und ‚echte' Debatten unterdrückt.
5. Er nutzt Gender-Themen für seine Belange. In dem Zuge verweist er auf unterstellte Einstellungen gegenüber Gender und Sexualität, um sie als Ursache für die Konflikte zu identifizieren, die sie kennzeichnen.

(übersetzt, nach VERTOVEC & WESSENDORF 2010[2]:13)

Der Autor Thilo Sarrazin erfüllte mit seinem Werk *Deutschland schafft sich ab – Wie wir unser Land aufs Spiel setzen* (2010) diese Kriterien (SARRAZIN 2010:7-21) und setzte damit einen entsprechenden Impuls in Deutschland. Einzuräumen gilt, dass neben ihm auch andere Autorinnen und Autoren der Strömung zuordenbar sind und Neuer Realismus nicht ausschließlich auf den Integrationsdiskurs beschränkt ist. Unlängst konzentriert er sich mit Vorliebe auf Integration. Sarrazins Werk widmete sich ihr ausschließlich.

3. Politische Situation in Deutschland seit dem Jahr 2000

Bevor sich der konkreten Analyse der Schriftstücke zugewandt wird, gilt es, das politische Umfeld und das gesellschaftliche Klima in Deutschland zu skizzieren: Multikulturalismus förderliche Konzepte werden in Deutschland nicht auf Bundesebene verfolgt. Stattdessen keimen sukzessive auf regionaler und lokaler Ebene Einrichtungen, Projekte, Arbeitskreise etc. auf.

Bis in das 21. Jahrhundert war die politische Diskussion in Deutschland von der Frage dominiert, ob es überhaupt Einwanderungsland sei. Mittlerweile stellt sich aber eine Neuausrichtung hin zu einwanderungsfreundlicheren Rahmenbedingungen ein. Schönwälder beurteilt die Situation für konstruktive Bemühungen zur Verbesserung der Stellung von Migranten und ihrer Nachkommen in Deutschland deshalb als günstig, obwohl dies nicht immer mit Ansätzen zur Betonung kultureller Vielfalt oder gesteigerter öffentlicher Repräsentation von Minderheiten als Gruppen einherginge. (SCHÖNWÄLDER 2010:152-153 in: VERTOVEC & WESSENDORF 2010[1])

Die letzten gesetzlichen Weichenstellungen erfolgten im Jahr 2000 und 2005. Am 1. Januar 2000 wurde das seit 1913 geltende *Reichs- und Staatsangehörigkeitsgesetz (RuStAG)* (RGBl. S. 583) durch das *Staatsangehörigkeitsgesetz (StAG)* abgelöst. (STAATSANGEHÖRIG-KEITSGESETZ *(StAG)*) Inhaltliche Neuerungen orientierten sich am Bestreben, jugendlichen Ausländern die Einbürgerung zu erleichtern. Seine Tragweite wurde am 1. Januar 2005 durch Art. 5 des *Zuwanderungsgesetzes* vom 30. Juli 2004 (BGBl. I S. 1950) auf Erwachsene ausgeweitet. (GESETZ ZUR STEUERUNG UND BEGRENZUNG DER ZWANDERUNG UND ZUR REGELUNG DES AUFENTHALTS UND DER INTEGRATION VON UNIONSBÜRGERN UND AUSLÄNDERN *(ZuwandG)*)

Stein des Anstoßes für die gesetzlichen Neuerungen war die Einsicht, dass Gastarbeiter, die in den 1960er und 1970er Jahren eingewandert waren – vorwiegend türkischstämmige – nicht in ihre einstigen Herkunftsländer zurückgekehrt waren, sondern in Deutschland sesshaft wurden, Familien gründeten. Der zum Zeitpunkt dieser Untersuchung amtierende Bundespräsident Christian Wulff stellte wiederholt fest, der Islam gehöre zu Deutschland. (N. N., *Zeit, dpa*, 5. März 2011) "The old conflicts, however, continue in form of struggles about stricter conditions for acquisition of German citizenship." (SCHÖNWÄLDER 2010:153 in: VERTOVEC & WESSENDORF 2010[1]) Etwa wird des öfteren auf die Notwendigkeit des Erlernens von Deutsch als Zielsprache sowie auf die Akzeptanz und Respektierung von Werten, vor allem Frauenrechten oder Meinungsfreiheit, verwiesen. (SCHÄUBLE 2006 in:

SCHÖNWÄLDER 2010:154 in: VERTOVEC & WESSENDORF 2010[1]) Davon abgesehen kommt es mit dem Vorwurf, mühsame Debatten zwecks Prävention von Fehlentwicklungen würden aufgeschoben, vereinzelt zu Meinungsverschiedenheiten. Gefolgt werden diese in der Regel von der Feststellung, neue Weichenstellungen seien lediglich Anpassungen an unabwendbare Begebenheiten, auf die zuvor nicht reagiert worden sei. Die politischen Handlungsentwürfe konzentrieren sich meist darauf, dass Migranten hinsichtlich Bildung und Chancen auf dem Arbeitsmarkt statistisch ins Hintertreffen geraten. Bisweilen mündet dies in die Forderung, sich auf die Integration bestimmter, ökonomisch zuträglicher Migrantengruppen zu konzentrieren, nicht aber auf solche, die dem Sozialsystem zur Last fielen. (SCHÖNWÄLDER 2010:154 in: VERTOVEC & WESSENDORF 2010[1]) Punktum, Integration ist ein kontroverses Thema in Deutschland. Dass der amtierende Innenminister Hans-Peter Friedrich auf Christian Wulffs Aussage, der Islam gehöre zu Deutschland, entgegnete, der Islam habe die deutsche Gesellschaft nicht geprägt (N. N., Zeit, dpa, 5. März 2011), bringt dies zum Ausdruck. Es gibt keinen eindeutigen Kurs in der deutschen Integrationspolitik.

Es liegt auf der Hand, dass der Diskurs rund um Multikulturalismus immer ein vielschichtiger ist. Maßgeblich besitzt er in Deutschland sozio-ökonomische und kulturelle Fassetten. (SCHÖNWÄLDER 2010:154 in: VERTOVEC & WESSENDORF 2010[1]) Der Slogan „Fordern und Fördern" besitzt Vorrang gegenüber solchen, die kulturelle Vielfalt unterstreichen. Er impliziert, dass Subjekte unter der Voraussetzung der Bereitschaft zur Kooperation und Erfüllung von Kriterien, die zum Ausüben einer beruflichen Tätigkeit erforderlich sind, staatlich insoweit gefördert werden sollten, als dass sie ihr nachgehen können. Oft wird behauptet, Migranten kämen dabei einer Bringschuld nicht nach. Der Begriff Multikulturalismus wird in diesem Kontext als eine Art Dogma verstanden, das die Nicht-Teilhabe an diesem gesamtgesellschaftlichen Ideal legitimiere und konserviere. (SCHÖNWÄLDER 2010:155 in: VERTOVEC & WESSENDORF 2010[1])

Wie die bislang aufgeführten Referenzen verdeutlichen, sind zum Zeitpunkt dieser Untersuchung hauptsächlich Konservative federführend bei der Gestaltung integrationspolitischer Rahmenbedingungen. Andere Parteien sollen gesondert davon dargestellt werden: Während Sozialdemokraten unter dem Bundeskanzler Gerhard Schröder treibende Kraft waren, wurde sich sowohl von rechtem Populismus als auch von Multikulturalismus distanziert. (SPD 2006, 2006[2] in: SCHÖNWÄLDER 2010:155 in: VERTOVEC & WESSENDORF 2010[1]) Andererseits hoben manche programmatischen Texte den Wert kultureller Vielfalt hervor. (SCHÖNWÄLDER 2010:155 in: VERTOVEC &

WESSENDORF 2010[1]) "It is often the documents and speeches addressed to a wider audience that focus on reminding the migrants of their obligations and deliniating the limits of tolerance." (SCHÖNWÄLDER 2010:155 in: VERTOVEC & WESSENDORF 2010[1]) Laut Lanz ebnete die *Green Card*-Initiative von Schröder den Weg in einen politischen Diskurs, der „die Einwanderung an die globale ökonomische Wettbewerbsfähigkeit des Landes koppelte[.]" (LANZ 2009:68) Ronneberger und Tsianos sehen in der *Green Card* den Versuch einen pragmatischen Umgang mit Migranten zu finden, der sich an dem Gebot der Nützlichkeit orientiere. (RONNEBERGER; TSIANOS 2008:141 in: HESS et al. 2008:137-153) Dieser Versuch ging einher mit einer Debatte über deutsche ‚Leitkultur', was einen Anspruch der Vormachtstellung Einheimischer verdeutlicht. *Ergo* sind Sozialdemokraten gegenüber kultureller Vielfalt aufgeschlossener als Konservative, aber halten trotz allem an einem hegemonialen Status der Einheimischen fest. Sie sind außerdem vorsichtiger im Kundtun ihrer Neigungen, was vermutlich in der Angst des Einbüßens von Wählergunst begründet liegt. (SCHÖNWÄLDER 2010:155 in: VERTOVEC & WESSENDORF 2010[1]) Auf jeden Fall ebneten sie aber den Weg für ein Verständnis, in dem Zuwanderung einen potenziellen Wettbewerbsvorteil darstellt.

Die Grünen, einstiger Koalitionspartner der Sozialdemokraten, äußerten ihr Gefallen an Multikulturalismus expliziter. Inzwischen üben sie sich jedoch in ähnlicher Zurückhaltung wie Sozialdemokraten. (BÜNDNIS 90/DIE GRÜNEN-BUNDESTAGSFRAKTION 2006 in: SCHÖNWÄLDER 2010 in: VERTOVEC, S.; WESSENDORF 2010[1]:155-156) Ihre Haltung ist davon charakterisiert, sich nicht gegen Multikulturalismus auszusprechen. Wobei sie mittlerweile fordern, Migranten müssten sich aus eigenen Stücken einbringen. Sozialdemokraten und Grünen wurde deshalb vorgeworfen, nicht ausreichend zu ihren Plädoyers für Multikulturalismus zu stehen. Nichtsdestotrotz sprachen sich Vertreter des Berliner Senats – bis zu den Wahlen im Jahr 2011 war er vom linken Parteienspektrum dominiert – durchaus für die Förderlichkeit von multikulturalistischen Konzepten aus. (SCHÖNWÄLDER 2010:155-156 in: VERTOVEC & WESSENDORF 2010[1]) Insofern können die Umstände im linken Parteienspektrum als ähnlich widersprüchlich bezeichnet werden wie im Fall der Konservativen.

Parteiübergreifender Usus ist der Vorzugs einer ‚gemeinsamen Kultur'. Es kann aber davon ausgegangen werden, dass diese Haltung als Voraussetzung für ein darauf aufbauendes Anerkennen besonderer kultureller Elemente zu verstehen ist. (SCHÖNWÄLDER 2010:156 in: VERTOVEC & WESSENDORF 2010[1]) Schließlich werden aus unterschiedlichen politischen Lagern immer wieder Stimmen laut, die zwar nicht explizit, aber implizit den Wert von kultureller Vielfalt unterstreichen.

3.1. Öffentliche Meinung zu Multikulturalismus

Die Begeisterung für Multikulturalismus hält sich in der deutschen Bevölkerung in Grenzen. Trotzdem wird kulturelle Vielfalt nicht entschieden abgelehnt. Obschon eine Reihe von Umfragen Einblicke ermöglicht, lässt sich keine eindeutige, langfristige Entwicklung des öffentlichen Meinungsbildes ausmachen. (SCHÖNWÄLDER 2010:156 in: VERTOVEC & WESSENDORF 2010[1]) "Nevertheless, it is save to say that there is a strong support for the demand that immigrants should adjust to German ways and that Germans are on average more sceptical as regards the benefits of ethnic diversity than some (but not all) of their European neighbors." (SCHÖNWÄLDER 2010:156 in: VERTOVEC & WESSENDORF 2010[1]) Infolgedessen ist nachvollziehbar, weshalb sich in der Politik mit Vorsicht für Multikulturalismus ausgesprochen wird.

3.2. Lokale Multikulturalismus-Projekte ohne Multikulturalismus auf Bundesebene

Einige Städte mit vergleichsweise hohem Ausländeranteil sahen eine Notwendigkeit darin, sich Multikulturalismus eigenständig zu verschreiben. Zu den Vorreitern gehören Stuttgart und Frankfurt am Main. Als Reaktion auf eine zunehmend heterogene Bevölkerung wird die Ausländerpolitik seit den 1990er Jahren von Strategien abgelöst, welche auf eine entsprechende Umgestaltungen von öffentlichen Einrichtungen abzielen. (SCHÖNWÄLDER 2010:158 in: VERTOVEC & WESSENDORF 2010[1]) Augenfällig ist oftmals die Verkittung von Handlungsansätzen auf unterschiedlichen Verwaltungsebenen (i.e. Kommunen, Länder, Bund, EU etc.).
Stuttgart distanzierte sich von einer theoretischen Interpretation von Multikulturalismus, die Koexistenz ohne ein dialogisches Moment zwischen den kulturellen Elementen vor Ort forciert. Kulturelle Vielfalt wird aber begrüßt. (STUTTGART 2002 in: SCHÖNWÄLDER 2010:159 in: VERTOVEC & WESSENDORF 2010[1]) Schönwälder beschreibt die Ansätze des Frankfurter *AmkA* hingegen als vorwiegend von Überzeugungsarbeit geprägt. Neben der Ambition Anti-Diskriminierung in Behörden zu tragen, konzentriere man sich auf Mediation,

Konfliktbewältigung, Beratungsangebote, Kampagnen für mehr Toleranz, Unterstützung von Migrantenorganisationen, Werbung für kulturelle Events und Steigerung der Teilhabemöglichkeiten von Migranten auf dem Arbeitsmarkt. (SCHÖNWÄLDER 2010:159 in: VERTOVEC & WESSENDORF 2010[1]) Schönwälder kritisiert, dass wissenschaftliche Untersuchung zu Einrichtungen auf lokaler Ebene aber rar seien. Ebenso seien die Zielsetzungen der Einrichtungen oft nicht deutlich. Typische Ansätze, die verfolgt würden, zielten auf die Förderung des Zielsprachenerwerbs, die Optimierung von Schulcurricula und Projekte zur Förderung des Kontakts zwischen Deutschen und Migranten ab. Unlängst sei dessen ungeachtet zu beobachten, dass verstärkt der Versuch unternommen werde, Institutionen intern für Migranten zu öffnen (FILSINGER 2002:16-19; IRELAND 2004:60-115 in: SCHÖNWÄLDER 2010:159 in: VERTOVEC & WESSENDORF 2010[1]), und Städte stellten Zuziehenden Willkommensbroschüren zur Verfügung oder böten Einführungskurse an. (SCHÖNWÄLDER 2010:159 in: VERTOVEC & WESSENDORF 2010[1])

Es existieren nur vereinzelt Einrichtungen zur Beratung von Migranten. Seit 2004 sind sie in Nordrhein-Westfalen vorhanden, seit 2003 in Berlin. Beide bezuschussen Organisationen von Migranten und deren Projekte. (SCHÖNWÄLDER 2010:160-161 in: VERTOVEC & WESSENDORF 2010[1]) Ein neueres Beispiel ist die *Modellregion Integration* mit den Standorten Hanau, Offenbach am Main, Kassel, Hochtaunuskreis und Wetzlar in Hessen. (INTERNETAUFTRITT VON KOMPASS INTEGRATION 2011)

3.3. Multikulturalismus in Schulen

In Deutschland sind in vielerlei Hinsicht Landesregierungen ausschlaggebender für politische Weichenstellungen als der Bund. Dies betrifft etwa Bildungsfragen, wenngleich nicht zuletzt auf Empfehlung der Kultusministerkonferenz seit 1996 Toleranz, Respekt und der Entwurf eines positiven Selbstbildes von Migranten in Schulcurricula berücksichtigt werden. (SCHÖNWÄLDER 2010:159-160 in: VERTOVEC & WESSENDORF 2010[1]) Anrecht auf Muttersprachlichen Unterricht besteht aber nicht. Die Teilnahme daran ist freigestellt, und angesichts knapp bemessener Mittel ist die Zukunft dieser Praxis ungewiss. Ohnehin wird Muttersprachlicher Unterricht häufig nur angeboten, weil einzelne Lehrer sich dafür stark machen oder alte Strukturen beibehalten werden. (GOGOLIN 2005:133-143 in: SCHÖNWÄLDER 2010:159-160 in: VERTOVEC & WESSENDORF 2010[1]) Dementsprechend hat man es erneut mit keiner in sich stimmigen Agenda zu tun.

3.4. Multikulturalismus in Rundfunkanstalten

Journalisten mit Migrationshintergrund beklagen sich häufiger darüber, in den Medien unterrepräsentiert zu sein, was auf einen klaren Missstand hindeutet, der auch mit Blick auf Neuen Realismus von Bedeutung ist. Insbesondere die Berichterstattung über Migranten wird kritisch bewertet. Migranten werden häufig als Kriminelle dargestellt. (KARAKAYALI 2008 in: RONNEBERGER; TSIANOS 2008:140 in: HESS et al. 2008:137-153) Der *Rundfunkrat* oder der *Westdeutsche Rundfunk* haben allerdings Vertreter für die Belange von Migranten einberufen. (GEIßLER & PÖTTKER 2005 in: SCHÖNWÄLDER 2010:161 in: VERTOVEC & WESSENDORF 2010[1])

3.5. Spannungsfeld Moscheenbau

Streit entbrennt ab und an beim Bau von Moscheen. Die wohl bekannteste Initiative dagegen ist die *Bürgerbewegung pro Köln e.V.*, welche sich ohne Erfolg gegen die *Zentralmoschee* im Kölner Stadtzentrum einsetzte. (siehe dazu: INTERNETAUFTRITT DER ZENTRALMOSCHEE KÖLN (DITIB); INTERNETAUFTRITT DER BÜRGERBEWEGUNG PRO KÖLN E.V.) Überhaupt entstehen Meinungsverschiedenheiten meist in Verbindung mit dem Islam. Anders als in Frankreich, ist Schülerinnen und Studentinnen in Deutschland das Tragen von Kopftüchern in Bildungseinrichtungen nicht untersagt. In einigen Bundesländern wird es Lehrerinnen jedoch nicht gestattet. (SCHÖNWÄLDER 2010:160-161 in: VERTOVEC & WESSENDORF 2010[1])

3.6. Medialer Multikulturalismus-Diskurs in Deutschland mit Fokus auf Argumentationsstrategien bzw. -taktiken seitens des Neuen Realismus

Vertovec und Wessendorf weisen darauf hin, dass in Europa seit dem Jahr 2000 eine Vielzahl an Debatten in den Medien Einwanderer, Muslime und Multikulturalismus zum Thema machten. (VERTOVEC & WESSENDORF 2010:4[2]) U.a. gingen diese Debatten mit folgenden Ereignissen einher oder es wurde und wird immer wieder auf sie verwiesen:

Zeitpunkt bzw. - raum	Ereignis
September 2001	Anschlag auf das World Trade Center in den USA
November 2004	Mord am Regisseur Theo van Gogh in den Niederlanden
Juli 2005	Bombenanschlag britisch-stämmiger Muslime in London
September 2005	Mohammed-Karikaturen in Dänemark
Oktober bis November 2005	Aufstände muslimischer, aber auch weißer, französischer Jugendlicher in französischen Vororten

(nach VERTOVEC & WESSENDORF 2010²:5, bearbeitet und verkürzt)

Alle o.g. Ereignisse können mit Muslimen oder dem Islam in Verbindung gebracht werden, zumal streitbar ist, ob eine Beziehung untereinander besteht. Im Allgemeinen nimmt der 11. September einen besonderen Stellenwert ein. Seither ist eine Wende des Diskurses hin zu einem Feindbild offensichtlich. "Prompted by public debates around these and other (usually nationally specific) events, the backlash against multiculturalism has involved specific idioms or tactics of condemnation." (VERTOVEC & WESSENDORF 2010²:6) Vertovec und Wessendorf unterscheiden sieben dialektische Muster oder Taktiken mit dem Zweck Multikulturalismus zu verurteilen. Für alle finden sich Beispiele in der deutschen Presse. Im Anschluss an diesen Teil werden die Muster und Taktiken mit konkreten Beispielen aufgeführt und diskutiert, wenngleich sich Argumentationsstränge ab und an kreuzen. Lediglich ein politisches Sachbuch wird derweil im Rahmen einer Rezension behandelt werden. Das heißt jedoch nicht, sie wären Mangelware. Bahners (2011) zählt u.a. Ayaan Hirsi Ali, Necla Kelek, Alice Schwarzer, Henryk M. Broder, Ralph Giordano und Thilo Sarrazin zu einer Strömung von Autorinnen und Autoren, die den Islam in Deutschland speziell attackieren, indem sie Ängste vor Überfremdung oder Terrorismus schüren. Multikulturalismus ist davon konkret mehr oder weniger explizit betroffen. Alle Autorinnen und Autoren können dessen ungeachtet recht eindeutig dem Neuen Realismus zugeordnet werden.

3.6.1. ‚Multikulturalismus ist eine allumfassende Doktrin'

Einige Kritiker beschreiben Multikulturalismus als eine allumfassende Doktrin oder starre Ideologie. "Proponents of backlash discourse either don't know about, overlook or purposefully ignore the diffuse and myriad patchwork of policies, practices and institutional adjustments through which immigant and ethnic minority accommodation and incorporation are actually undertaken." (VERTOVEC & WESSENDORF 2010^2:6)

Luft schreibt etwa im *Tagesspiegel*: „[D]ie meisten Länder, die den Multikulturalismus in den 70er und 80er Jahren zur Staatsdoktrin erhoben haben, stehen vor den Scherben einer Politik, die die Gräben vertiefte. [...] Der Multikulturalismus legt Zuwanderergruppen auf eine Identität fest. Er unterstellt, Identitäten seien unwandelbare Gehäuse, aus denen sich Zuwanderer nicht befreien könnten." (LUFT 2008, *Tagesspiegel*, 17. Januar 2008) Ferner bezeichnet der Autor Multikulturalismus als ein Moment, das von akademischen Mittelschichten im Sinne exotischer Erlebnisgastronomie aufgefasst würde. (LUFT 2008, *Tagesspiegel*, 17. Januar 2008)

Gewiss existieren Gruppen in der Gesellschaft nicht abgeschottet voneinander. Luft suggeriert allerdings, Nationalstaaten bedienten sich aus einem einzelnen, einheitlichen ideologischen Reservoir, was nicht korrekt ist. Trotz Ähnlichkeiten von Konzepten gibt es keine globale Multikulturalismus-Agenda oder dergleichen.

Alibhai-Brown kritisierte bereits im Jahr 2000 das so genannte ‚3S-Modell' – aus dem Englischen: saris, samoas and steeldrums – welches Multikultur in Form von bunten Festivals interpretierte, die über sozio-ökonomische Disparitäten hinwegtünchten. (ALIBHAI-BROWN 2000 in: KYMLICKA 2010:33 in: VERTOVEC & WESSENDORF 2010^1) Darauf aufbauend, leitet Kymlicka ab, Eventcharakter solle nicht verfolgt werden und es handele sich dabei um eine Fehlinterpretation, welche Identität des Anderen – sei es gewollt oder ungewollt – vorschreibe. (KYMLICKA 2010:33-34 in: VERTOVEC & WESSENDORF 2010^1)

Lufts Kritik ist demgemäß nicht unberechtigt, aber überholt. Das 3S-Modell wurde bereits als fragwürdige Praxis identifiziert. Wenn dies über mehrere Jahre übersehen wird, zeugt das nicht von Falschannahmen im Rahmen einer totalitär anmutenden Festival-Ideologie, sondern von streitbarer Umsetzung aufgrund unzureichenden Dialogs zwischen Politik und Forschung.

3.6.2. ‚Im Multikulturalismus werden Gedanken und Sprache kontrolliert'

Es wird gelegentlich kritisiert, Multikulturalismus habe eine Atmosphäre geschaffen, in der Gedanken und Sprache kontrolliert und reglementiert würden. (VERTOVEC & WESSENDORF 2010²:7) "Volker Kauder said that certain subjects had become 'taboo' in public and that 'the time of looking away and blindness resulting from false multi-culti ideology is over'." (N. N., *Bild*, 1. April 2006 in: VERTOVEC & WESSENDORF 2010²:7)
Es ist insoweit korrekt, von Kontrolle auszugehen, wenn das kontinuierliche Monitoring dialektischer Muster oder Entwicklungen gemeint ist. Neuen Realismus, welchen u.a. das angebliche Brechen von Tabus auszeichnet, wäre sonst vermutlich nie aufgefallen. Nicht korrekt ist aber, zu behaupten, es wäre verboten auf Missstände hinzuweisen. Wie das Werk *Deutschland schafft sich ab* (2010) von Thilo Sarrazin veranschaulicht, wurde trotz entschiedener Reaktionen mancher Gruppen keine Zensur oder dergleichen vorgenommen. Faktisch wurde Sarrazins Werk in den Massenmedien ausführlich behandelt. Dies betrifft auch andere Neue Realisten, welche des Öfteren zu Gast in Talkshows sind oder anderswie Position in öffentlichen Debatten beziehen. Der Vorwurf Kauders deutet folglich auf die Konstruktion eines paranoiden Feindbildes hin. Das öffentliche Kundtun der Meinung steht in Deutschland generell nicht unter Strafe.

3.6.3. ‚Multikulturalismus leistet der Entstehung einer Parallelgesellschaft Vorschub'

Das wohl am häufigsten gebrauchte Argument gegen Multikulturalismus gründet in der Annahme, er begünstige den Niedergang des Sozialsystems und fördere die Ausbildung einer *Parallelgesellschaft*, da es den Ansporn, sich zu integrieren, im Keim ersticke. Butterwegge spricht gar davon, dass *Parallelgesellschaft* zu einem Mode- und Konträrbegriff zur multikulturalistischen Gesellschaft avancierte. (BUTTERWEGGE 2008:33 in: BUTTERWEGGE; HENTGES 2008:11-78 in: LANZ 2009:68) In Deutschland kursiert dieses Argument in den Medien seit einer groß angelegten Reportage im Jahr 1990. (HEITMEYER 1996 in: VERTOVEC & WESSENDORF 2010²:7-8) Aufgegriffen wurde es seither mehrfach (u.a. N. N., *Focus*, 24. Oktober 2004; N. N., *Tagesspiegel*, 17. Januar 2008). (VERTOVEC & WESSENDORF 2010²:8)
Wie sich im Rahmen der Analyse des Werkes von Thilo Sarrazin zeigen wird, ist dieser Vorwurf auch ein Resultat statistischer Verzerrungen. Soll heißen: Obschon Migranten

innerhalb für sich gesondert erfassten Bevölkerungsgruppen prozentual öfter Transferleistungen beziehen, beziehen sie in der Summe aller Empfänger hauptsächlich Deutsche. Die Frage, ob Transferleistungen den deutschen Staat überhaupt ruinieren, gilt es hier nicht zu klären. Räumlich ist die Ausbildung einer *Parallelgesellschaft* im *Frankfurter Integrationsstudie 2008* (HALISCH 2008) jedoch nicht ersichtlich. Dort heißt es:

> "In den Stadtteilen mit einem sehr hohen Ausländeranteil 2006 hat dieser von 1998 bis 2006 am stärksten abgenommen. Die daran angrenzenden nördlichen Stadtteile verzeichnen den größten Zuwachs. Dies deutet auf eine gesteigerte Mobilität der ausländischen Einwohner hin; zudem spricht dies gegen verfestigte ethnische Strukturen in den betroffenen Stadtvierteln." (HALISCH 2008:60)

Ronneberger und Tsianos verweisen darauf, dass ein Vergleich mit US-amerikanischen Ghettos in Deutschland nicht zulässig ist. Alle Untersuchungen in deutschen Großstädten kommen zu dem Ergebnis, dass großflächige Segregationsprozesse nicht festzustellen sind. (RONNEBERGER; TSIANOS 2008:143 in: HESS et al. 2008:137-153) Zugenommen hat hingegen die räumliche Konzentration von Armen und Prekären. (RONNEBERGER; TSIANOS 2008:145 in: HESS et al. 2008:137-153)

3.6.4. ‚Multikulturalismus versperrt sich gemeinsamer Werte'

Aufbauend auf den Vorwurf, Multikulturalismus leiste der Entstehung einer *Parallelgesellschaft* Vorschub, wird vorgebracht, dies wiederum führte zu einem Mangel an gemeinsamen Werten. Es sei daran erinnert, dass Deutschlands Regierung keine umfänglichen Agenden zur Förderung einer multikulturellen Gesellschaft verfolgt. „[Still,] Stefan Lu[f]t has argued in that multiculturalism's insistence on recognizing identities-of-origin, instead of a common host-culture, 'must lead to disaster'[.]" (N. N., *Tagesspiegel,* 17. Januar 2008; siehe auch LUFT:2008[1] in: VERTOVEC & WESSENDORF 2010[2]:9)
Dies kann weder dementiert noch bestätigt werden. Wie in Teil 3.1. aufgeführt wurde, weisen Umfragen zum Thema Multikulturalismus keinen klaren Trend auf, inwieweit er befürwortet oder abgelehnt wird. Sowieso ist die Erfassung von gemeinsamen Werten problembehaftet, was im Methodenteil dieser Arbeit anhand der Ausführungen Honneths genauer geklärt

werden wird. An dieser Stelle sei aber vorweggenommen, dass die Forderung gemeinsamer Werte, die objektive Existenz bestimmter Werte vorausgesetzt. (HONNETH 2004:57) Deswegen ist nicht klar, welche konkreten Werte hier gemeint sind. In der *Frankfurter Integrationsstudie 2008* werden vermutlich mit aus diesem Grund Abstriche bei der Möglichkeit der Erfassung von Identifikation seitens Migranten gemacht. Die Partizipation von Migranten an Entscheidungen in der Kommunalpolitik wäre in ihrem Rahmen beispielsweise von Interesse gewesen. Es heißt dazu:

> „In den offiziellen kommunalen Gremien politischer Entscheidungsprozesse ist eine Gruppe der Ausländer, nämlich die Drittstaatsangehörigen, aufgrund der rechtlichen Restriktionen von vorne herein ausgeschlossen. Aber auch die Gruppe der ausländischen EU-Bürger ist nur sehr wenig als Mandatsträger in der Kommunalpolitik vertreten. [...] Leider wird im Bereich der kommunalen Mandatsträger der Migrationshintergrund nicht erfasst, was sich aber gerade hier als wichtig erweisen würde. Da politische Partizipation auf kommunaler Ebene eine gewisse Identifikation mit der (lokalen) Gesellschaft voraussetzt, wäre es interessant, inwieweit deutsche Einwohner mit Migrationshintergrund, die keinen rechtlichen Restriktionen unterliegen, sich in den offiziellen kommunalen Gremien einbringen. Gerade die zweite und dritte Generation, die häufig in Frankfurt aufgewachsen und in der dortigen Gesellschaft ihre Sozialisation durchlaufen hat, aber auch zugewanderte eingebürgerte Personen lassen sich auf diese Weise nicht weiter identifizieren." (HALISCH 2008:156)

Mit Sicherheit wäre es falsch, davon auszugehen, es gäbe keine Impulse seitens Migranten, respektive Muslimen, nach Gemeinsamkeiten zu suchen. Zwar werden teilweise Zweifel an seiner Integrität gehegt (AMMANN 2006:23-33), aber der bekannteste Vertreter des Euro-Islam, Ramadan, fordert etwa eine Reform des Islams hin zu einem modernen Islamverständnis, das sich aktiv zum Rechtsstaat, Menschenrechten und Gewaltenteilung bekennt. (RAMADAN 2009:17-40)

In der Folge kann nur spekuliert werden, welche Werte angeblich abgelehnt werden und ob dies überhaupt umfassend auf Migranten zutrifft. Man ist versucht, darin eher den Versuch seitens Einheimischen zu sehen, sich vom Anderen zu distanzieren, weil der Verweis auf nebulöse Werte darauf hindeuten, dass es darum geht, sich als eine Art unantastbare Deutungshoheit in Hinblick auf sie zu verstehen.

3.6.5. ‚Multikulturalismus verschließt die Augen vor Problemen'

Die Falschannahme, es handele sich bei Multikulturalismus um eine einzelne, übergreifende Ideologie, mündet mitunter in den Vorwurf, er trübe den Blick auf die Dinge und vereitele dadurch das offene und ehrliche Gespräch über Probleme. Der Bezirksbürgermeister von Berlin-Neukölln, Heinz Buschkowsky, sagte: „Die Situation in diesen sozial entmischten Gebieten ist eine tickende Zeitbombe." (N. N., *Focus,* 24. November 2004) Er führte dies auf das jahrelange Augenverschließen der Politik und eine falsche „Multi-Kulti-Romantik" zurück. (N. N., *Focus,* 24. November 2004) Gleichwohl brachte der Historiker Arnulf Baring ein:

> „Multi-Kulti ist gescheitert – weil die Ausländer die deutsche Kultur neben ihrer eigenen nicht akzeptieren oder auch nur dulden wollen. Das war allerdings schon seit Jahren abzusehen, wurde aber bewußt verschwiegen und kleingeredet. Nicht die Deutschen sind die Deppen, sondern diejenigen Politiker und Gutmenschen, die sich jahrzehntelang multikulturellen Träumen hingegeben haben." (N. N., *Bild*, 5. April 2006)

Die Feststellungen bzgl. der „gesteigerte[n] Mobilität der ausländischen Einwohner [in Frankfurt]" (HALISCH 2008:60) sowie das Moment der Reformbemühungen von Ramadan stehen diesen Argumenten entgegen. Hinsichtlich Barings Aussage ist erneut anzubringen, dass es kein umfassendes Multikulturalismuskonzept für Deutschland gibt und es folglich nicht gescheitert sein kann. Wer die „Politiker und Gutmenschen, die sich jahrzehntelang multikulturellen Träumen hingegeben haben[,]" (N. N., *Bild*, 5. April 2006) genau sind, bleibt außerdem unklar.

3.6.6. ‚Multikulturalismus fördert verwerfliche Praktiken'

Eine Fehlauslegung der Begriffs ‚Kulturrelativismus' dient einigen Kritikern als Plattform. Er wird ausgelegt als ein Begriff, der dafür stünde, dass alle Aspekte aller Kulturen ‚gut' seien. (VERTOVEC & WESSENDORF 2010²:9) Tatsächlich betont er, dass Kulturen nicht miteinander vergleichbar sind. Wertungen wie ‚gut' oder ‚schlecht' sind demgemäß deplatziert. Doch wie dem auch sei, "[f]or this reason multiculturalism, critics say, supports backward minority cultures' unequal treatment of women, forced marriages, honor killings and female genital mutilation." (VERTOVEC & WESSENDORF 2010²:9) Zu viel Toleranz wird als Ursache für Straftaten identifiziert. (VERTOVEC & WESSENDORF 2010²:9) Diese Argumentationskette kann in der deutschen Presse seltener ausfindig gemacht werden. Ehrenmorde und Zwangsheiraten werden dennoch des öfteren aufgegriffen. Dies geht aber nicht zwangsläufig mit Attacken auf Multikulturalismus einher, und ohnehin wird das Thema in aller Regel recht differenziert behandelt. Beispielsweise schreibt Krause im *Stern*:

> „Nach Erkenntnissen der Menschenrechtsorganisation Terre des Femmes sind [Ehrenmorde an heiratsunwilligen Muslima] allerdings kein religiöser, sondern ein patriarchalischer Exzess. Eine Einschätzung, die die Hamburger Beraterinnen teilen: Erzwungene Ehen oder so genannte Ehrenmorde seien kein religiöses Problem, sondern Fälle von missglückter Integration, finden sie." (KRAUSE, *Stern*, 16. Dezember 2008)

Ein weiteres Beispiel für eher differenzierten Stil liefert Ehrenstein in der *Welt*. Zu einem Beschluss, der Zwangsheirat unter härtere Strafe stellt, schreibt sie: „Es ist ein Signal, dass diejenigen, die Zwangsverheiratungen anbahnen, kein Kavaliersdelikt begehen, sondern Straftäter sind." (N. N., *Welt*, 28. Oktober 2010) Da die Überschrift auf das Moment eines einstigen ‚Kavaliersdeliktes' verweist, könnte man schlussfolgern, Zwangsheiraten hätten zuvor milde Strafen zur Folge gehabt. Das ist aber nicht der Fall. Ehrenstein selbst verweist darauf, dass die Straftat zuvor mit bis zu fünf Jahren Haft geahndet wurde. (N. N., *Welt*, 28. Oktober 2010) Es liegt im Auge des Betrachters, ob man bis zu fünfjährige Freiheitsstrafen mit ‚Kavaliersdelikten' in Verbindung bringen kann. Gesetzt dem Fall, es ist nicht so, würde dies aber bestenfalls für eine weithin gebräuchliche Überspitzung im Rahmen von Journalismus sprechen. Ein Verweis auf Multikulturalismus ist fernerhin nicht vorhanden.

Am kritischsten geht Falke in der *Frankfurter Allgemeinen Zeitung* vor. Er diskutiert das Sachbuch *Der Islam braucht eine sexuelle Revolution* (2009) von Seyran Ateş. Ateş fordert weniger übertriebenen Multikulturalismus in Deutschland, was vor dem Hintergrund, dass es keinen umfassenden Multikulturalismus in Deutschland gibt, absurd ist. Diesen Umstand lässt Falke außer Acht, aber er fällt trotz allem hart mit der Autorin ins Gericht. Er schreibt:

> „Den Ehrenmord, den fast alle islamischen Gelehrten verurteilen, hat es rund um das Mittelmeer gegeben. Die Anthropologen bringen ihn mit der Knappheit an guten Böden in Verbindung. „Religion, Kultur und Tradition kann man nicht streng trennen." Nun,[man] kann sie schon trennen. Sie stehen sogar oft genug im Widerspruch zueinander. Aber die Autorin wirft sie nicht nur ganz zusammen, sie führt vielmehr alles auf ein – männliches – Gesamtsubjekt Islam zurück."
> (FALKE, *Frankfurter Allgemeine Zeitung*, 4. Februar 2010)

Zudem weist Falke darauf hin, dass „gar nicht so multikulturalistische Lehrer mit Hilfe ebenso wenig multikulturalistischer Jugendamtsmitarbeite[n] Kinder auskunftslos ihren Eltern entziehen wegen roter Flecken, die sich dann als Folgen einer Metallallergie herausstellen." (N. N., *Frankfurter Allgemeine Zeitung*, 4. Februar 2010) Insofern ist der Artikel eher ein Beispiel für Journalismus, der der europaweiten Verdammung von Multikulturalismus zuwiderläuft. Langer Rede kurzer Sinn, Autorinnen und Autoren wie Ateş liefern Beispiele für die von Vertovec und Wessendorf identifizierte Strategie, diese fällt aber in der deutschen Presse nicht unbedingt auf fruchtbaren Boden.

3.6.7. ‚Multikulturalismus bietet einen Nährboden für Terrorismus'

In Deutschland sind in den vergangenen Jahren keine terroristischen Anschläge radikal-islamistischer Gruppen verübt worden, die mit den Ereignissen in 3.6. vergleichbar sind. Versuche wurden aber unternommen. Bekanntestes Beispiel dafür ist die Sauerland-Gruppe, die 2007 an ihrem Vorhaben gehindert wurde. Terroristische Anschläge in Deutschland sind deshalb nicht undenkbar, aber letzten Endes ist der Kontext ein anderer als in England oder Spanien, wo Zivilisten Anschlägen tatsächlich zum Opfer fielen. „[A]mong others, public discourses comprising strands of a backlash against multiculturalism have combined with fears surrounding terrorism (or, some would say, a manipulation of such fears)." (VERTOVEC & WESSENDORF 2010²:11) Ein Beispiel für dieses und eine Vielzahl anderer o.g. dialektischer Muster liefert ein Artikel von Weimer im Magazin *Cicero*. Multikulturalismus wird als Triebfeder für Terrorismus in Deutschland dargestellt. Weimer fasst es wie folgt:

> „Der Mord an Theo van Gogh markiert nicht nur den Anfang einer neuen Dimension des islamischen Terrorismus. Er belegt zugleich das Ende einer großen Selbstlüge Europas: Sein Multikulturalismus kollabiert. [...] Nun schlägt dieser masochistische Zug des Multikulturalismus zurück – was als geistiger Karneval der Kulturen begann, ist inzwischen ein Halloween der Entfremdung. [...] Gerade die Bruchstellen des naiven Multikulturalismus werden von Extremisten angezündet, und sein Feuer breitet sich so rasch aus, weil die kulturelle Integrität der Gesellschaft bereits ausgehöhlt ist. [...]Der Multikulturalismus ist eine Pest. [...] So hat man jahrelang weggeschaut, als moslemischen Frauen mitten in unseren Gesellschaften die Menschenrechte aberkannt wurden, als in Europas Moscheen Mordfantasien gelehrt wurden, als sich in „Kulturvereinen" muslimische Waffenbruderschaften formierten. [...] Europas Linke fühlte sich jahrzehntelang mit den islamischen Bewegungen emotional verbunden – man trug Arafat-Tücher, hasste den Schah, huldigte Khomeini und sah selbst im islamistischen Terror noch legitime Züge im Kampf gegen den amerikanischen Kapitalismus." (WEIMER, *Cicero*, Ausgabe Dezember 2004)

Es wird darauf verzichtet, alle in dem Artikel enthaltenen dialektischen Muster nochmals zu besprechen. Spätestens Weimers Artikel ist aber ein Paradebeispiel für die Verdammung von Multikulturalismus in der deutschen Presse. Obgleich er in Hinsicht auf seine Kompakt- und Entschiedenheit eine Ausnahme darstellt, illustriert er, dass Multikulturalismus mit verzerrten, irreführenden und teilweise gegenstandslosen Argumenten attackiert wird, die mit ihm wenig oder gar nichts zu tun haben. Weimer zeichnet ein vereinfachtes Weltbild, das Zusammenhänge in den Internationalen Beziehungen auf das Feindbild ‚Islam' herunterbricht. Der Islam mit einer Vielzahl an Fassetten spielt zwar sicherlich eine Rolle im

Kontext des Multikulturalismus, er steht ihm aber grundsätzlich nicht näher als andere kulturelle oder religiöse Elemente. Klammert man extreme und radikale Splittergruppen, die von Journalisten Garant für brisanten Stoff sind, aus, hat der Islam nicht mehr mit der Förderung von Terrorismus zu tun, als andere Glaubensgemeinschaften.

4. Zielsetzung und Eingrenzung

In dieser Studie gilt es zu bestimmen, welchen Einfluss der Duktus des Werkes *Deutschland schafft sich ab – Wie wir unser Land aufs Spiel setzen* (2010) von Thilo Sarrazin stellvertretend für Neuen Realismus auf den deutschen Multikulturalismusdiskurs vertreten durch das Frankfurter Amt für multikulturelle Angelegenheiten (*AmkA*) hatte, und inwieweit stilistische Überscheidungen analysierter Schriftstücke aus beiden Quellen historisch verankerbar sind, weil daraus gewonnene Erkenntnisse dazu verhelfen können, zeitgemäße Ausschlusspraktiken, respektive Alltagsrassismus, besser sichtbar zu machen. Dies geschieht primär mittels Analyse der rhetorischen Figuren in ausgewählten Passagen aus Sarrazins Werk und anschließendem Abgleich mit dem kurz danach erschienen *Integrationskonzept 2010 – Vielfalt bewegt Frankfurt Integrations- und Diversitätskonzept für Stadt, Politik und Verwaltung. Grundsätze Ziele Handlungsfelder* (2010), welches von der Abteilung *AmkA* des Frankfurter Magistrats herausgegeben wurde.

Die methodische Grundlage für die Analyse ist die Kritische Theorie nach Habermas mit einem Akzent auf Methoden der Kritischen Diskursanalyse sowie einer Verfeinerung von Habermas Theorie mittels Beiträgen von Taylor (1996) und Honneth (2001). Wie im Fall von Habermas attestieren die beiden Autoren Sprache eine herausragende Qualität bei der Suche nach Konsens. Sinngemäß können Inhalte miteinander verknüpft werden. Den Rahmen für die historische Einordnung stilistischer Auffälligkeiten werden indes die Ursprünge von Naturalismus und Liberalismus mit einem Akzent auf Darwin und Rousseau auf Grundlage der Werke *Darwin und Foucault* (2009) von Sarasin und *Kritik der zynischen Vernunft* (1983) von Sloterdijk vorgeben.

Wie schon in Kapitel 2 dargelegt, widmet sich Sarrazins Werk dem Themenkomplex Integration konkreter als andere Werke aus dem Feld des Neuen Realismus, weshalb es als Analysegrundlage gewählt wird. Die Wahl des Fokus auf die lokale Einrichtung *AmkA* bedarf einer ausführlicheren Begründung: Sie ist dem Umstand geschuldet, dass es in Deutschland kein bundes- oder länderübergreifendes Multikulturalismuskonzept gibt. Stattdessen existieren vereinzelte Einrichtungen. Obwohl alle davon diverse Merkmale *in puncto* praktischer Umsetzung teilen, operieren sie im Großen und Ganzen unabhängig voneinander. Es wäre demnach falsch, sie als Einheit zu behandeln. Das *AmkA* bietet zudem einen entscheidenden Vorteil. Es existiert seit 1989, ist die älteste Einrichtung und besitzt somit eine Vorreiterfunktion für Multikulturalismus in Deutschland. Um einen Wandel in der Ausrichtung von Projekten vor dem Hintergrund des Neuen Realismus auszumachen, ist es also besser geeignet als andere. Hier ist das Bestehen des *AmkA* zeitlicher Rahmen für Multikulturalismus in Deutschland. Der Analyse des *Integrationskonzeptes 2010* des *AmkA* wird eine chronologische Entwicklungslinie hinsichtlich der Tätigkeitsfelder und Publikationen des Amtes vorangestellt werden, sodass Trends ersichtlich werden können.

5. Hypothesen

Angesichts der Schieflage der Vorwürfe in Teil 3.6.1. bis 3.6.7. liegt die Vermutung nahe, dass sich hinter der Multikulturalismuskritik andere Motive verbergen, als die lautstarke Bewusstmachung verschleierter Konflikte. Wahrscheinlicher ist, dass im Sinne des Slogans „Fordern und Fördern" primär wirtschaftliche Interessen ausschlaggebend sind. Dies führt zu folgenden Hypothesen: (1) Im Sinne des Slogans „Fordern und Fördern" sind wirtschaftliche Interessen ausschlaggebend in der Integrationspolitik. (2) Es wird auf Nutzenmaximierung durch offensichtliche oder latente Ausgrenzung bestimmter Gruppen, respektive Farbiger und Muslimen, anstelle von einer Politik der Differenz gesetzt. (3) Ein wirtschaftsliberaler Duktus hat Einzug in die deutsche Integrationspolitik gehalten. Der Ökonomie dienliche Ansätze überschatten somit sukzessive immer weitere Teile der Agenden. (4) Aufgrund geringer Budgetierung, Unterbesetzung und keiner einheitlichen Zielsetzung auf Länder- und/oder Bundesebene ist die Umsetzung der Agenden indes nur mit Einschränkungen gewährleistet.

6. Methoden

Die methodische Grundlage zur tiefer reichenden Analyse des Multikulturalismus-Diskurses bilden ausgewählte Beiträge von Habermas (nach ISER & STRECKER 2010), Taylor (1996) und Honneth (2004). Bindeglied zwischen diesen verschiedenen Ansätzen ist die von Habermas ausgemachte Unausweichlichkeit des Gebrauchs von Sprache als ein allen Menschen zugängliches Moment zum Erlangen eines Konsens. (vgl. HABERMAS 1968[2]:163) Will sagen: durch Sprache wird Wahrheit konstruiert, und sie vermag in der Folge das Miteinander kultureller Elemente zu beeinflussen. Bevor sich Habermas, Taylor und Honneth sowie den aus ihren Beiträgen abgeleiteten Fragen genauer zugewandt werden wird, gilt es aber den ebenso vorhandenen Schwerpunkt auf Methoden der Kritischern Diskursanalyse (KDA oder im Englischen CDA) zu lenken, welche ebenfalls eine enge Verbindung zur Sprache aufweisen können, aber darüber hinaus einen konkreten Kurs vorgeben. Zu KDA schreibt van Dijk im Allgemeinen:

> "Critical discourse analysis (CDA) is a type of discourse analytical research that primarily studies the way social power abuse, dominance, and inequality are enacted, reproduced, and resisted by text and talk in the social and political context. With such dissident research, critical discourse analysts take explicit position, and thus want to understand, expose, and ultimately resist social inequality. […] CDA is not so much a direction, school, or specialization next to the many other "approaches" in discourse studies. Rather, it aims to offer a different "mode" or "perspective" of theorizing, analysis, and application throughout the whole field. We may find a more or less critical perspective in such diverse areas as pragmatics, conversation analysis, narrative analysis, rhetoric, stylistics, sociolinguistics, ethnography, or media analysis, among others." (VAN DIJK 2001:352)

Für diese Studie heißt das: Welche Inhalte unter Zuhilfenahme sachbezogener Quellen kritisch hinterfragt werden, hängt davon ab, welche Strategien (i.e. Rhetorik, gezielter Einsatz von Statistiken etc.) die behandelten Akteure (Politiker, Autoren etc.) verwenden. Im Vorfeld endgültig festzulegen, was hinterfragt werden soll und was nicht, birgt die Gefahr, den Blick zu trüben. Das heißt aber nicht, dass diese Studie keinen methodischen Ansprüchen zu genügen oder Kriterien zu erfüllen hätte. Im Gegenteil: Das methodische Vorgehen ist umso vielschichtiger, es ist multidisziplinär. Die Semantik und Pragmatik betreffenden Grundlagen werden mit Hilfe von Einführungen von Cruse (2004) und Huang (2006) behandelt. In den Einführungen werden zwar unterschiedliche Schwerpunkte bei der Behandlung linguistischer Phänomene gesetzt, beide widmen sich den Themenkomplexen aber ausführlich. Cruse legt seinen Schwerpunkt auf das Englische, besitzt in seinen Ausführungen jedoch mehr Transparenz als Yuang. Yuang arbeitet deutlich umfangreicher. Er vertieft Phänomene in der Pragmatik mittels Bezug auf ein sehr breites Spektrum an Sprachen, sodass Unterschiede in der Anwendung von Englischem und Deutschem ausgeschlossen werden können. Beide Einführungen sind auf einem aktuellen Stand, zumal sowohl Semantik als auch Pragmatik keine Felder sind, deren Grundlagen fundamentalen Neuerungen im dem Maße unterworfen sind, wie es bei anderen wissenschaftlichen Disziplinen der Fall ist. Sprache ist zwar ein lebhaftes und wandlungsfähiges System, aber im Kern beständig.

6.1. Methoden aus dem Feld der Pragmatik im Rahmen der Kritischen Diskursanalyse

Aufgrund ihrer häufigen Verwendung im politischen Diskurs werden folgende Momente aus den Feldern Semantik und Pragmatik besonders relevant sein: Wahrheitswerte, Präsuppositionen, intensivierende Worte und Heckenausdrücke sowie der strategische Gebrauch des Pronomens *Wir*. In den folgenden Teilen werden diese Momente erklärt. Teil 6.1.5. konzentriert sich schließlich auf weitere methodische Ansprüche seitens der KDA zur Gewährleistung eines interpretativen, erklärenden und historischen Gehaltes. Da hier vorausgesetzt wird, dass Diskurs und Historisches miteinander verknüpft sind, Menschen historische Wesen sind, wird im Teil 6.1.5. methodisch keine scharfe Trennung zwischen den rhetorischen Phänomenen und den weiteren Ansprüchen seitens der KDA vorgenommen, welche in anderen Fällen durchaus sinnvoll sein mag. Kurz, Sprache wird hier als elementarer Bestandteil des Lebens verstanden. (vgl. WEIYUN HE 2001 in: ARONOFF 2001:428-445)

6.1.1. Wahrheitswerte

Leser eines Textes müssen generell davon ausgehen, dass sein Verfasser bzw. seine Verfasserin die Wahrheit sagt oder zumindest selbst davon ausgeht. Deshalb besitzen

Aussagesätze bis auf Ausnahmen, die in dieser Studie nicht von Bedeutung sein werden, einen Wahrheitswert. Davon ausgehend, können auf den ursprünglichen Aussagesatz aufbauende Aussagen als wahr (+) oder falsch (-) bewertet werden. Hier ein Beispiel: Der Aussagesatz *Katzen sitzen gerne auf Decken* besitzt einen Wahrheitswert. In Bezug auf ihn ist es mit wahr (+) zu beantworten, fragt man *Sitzen Katzen gerne auf Decken?*. Es ist aber mit falsch (-) zu beantworten, fragt man *Sitzen Hunde gerne auf Decken?*. Will heißen: es ist nicht entscheidend, ob Katzen oder Hunde in der Realität Dieses oder Jenes gerne tun. In der Realität finden sich mit Sicherheit Hunde, die gerne auf Decken sitzen. Entscheidend ist die formale Logik betreffend, was ein Aussagesatz suggeriert. (CRUSE 2004:21-22) Für die Analyse sind sie von Bedeutung, weil damit Wahrheit konstruiert werden kann. Wahrheitswerte werden im Zuge der Auseinandersetzung mit kommunikativer Vernunft gemäß Habermas relevant sein.

6.1.2. Präsuppositionen

Unter einer Präsupposition versteht man die implizite Voraussetzung einer Wahrheitsgehaltes. Präsuppositionen werden in strategischer Art und Weise in politischer Rhetorik angewandt, um andere vom eigenen Standpunkt zu überzeugen. Triebfeder ist die Verführung zur subjektiven Wahrheit. Sie werden mit *triggern* eingeleitet, welche Verben sind, die in Verbindung mit Erkenntnissen gebraucht werden (e.g. erkennen, wissen, verstehen, einsehen etc.). (HUANG 2007:64) Hier ein Beispiel: Der Aussagesatz *Peter weiß, dass Katzen fliegen können wie Vögel* impliziert, dass Peter dies nur wissen kann, weil es der Realität entspricht. Selbstverständlich können Katzen in der Realität nicht fliegen wie Vögel, der Verfasser des Textes suggeriert dennoch, es wäre anders. Sinngemäß ist es ein machtvolles Instrumentarium, dem sich gewandte Redner i.d.R. bewusst sind. *Trigger* werden in Zitationen unterstrichen dargestellt werden.

6.1.3. Intensivierende Worte und Heckenausdrücke

Intensivierende Worte [übersetzt aus dem engl.: *intensifier* (ling.)] und Heckenausdrücke sind nicht in dem Maße entscheiden für die Konstruktion von Wahrheit wie formale Wahrheitswerte oder Präsuppositionen. Dennoch können sie manipulativ eingesetzt werden.

Man versteht unter intensivierenden Worten Token wie *sehr, gravierend, extrem* etc., welche die Intensität eines jeweiligen Befundes steigern. (CRUSE 2004:47) Heckenausdrücke stellen das Pendant dazu dar. Sie werden verwendet, um Aussagen in ihrer Direktheit bzw. Intensität abzuschwächen – häufig um die Gefühle des Adressaten nicht zu verletzen. Beispiele für Heckenausdrücke sind *kaum, etwas, nicht sonderlich, ein wenig* etc.. (O'KEEFFE 2006:7) Intensivierende Worte und Heckenausdrücken gründen in subjektiv angelegten Maßstäben, welche Lesern in aller Regel nicht bekannt sind. Hier ein Beispiel: Der Aussagesatz *Udo läuft unglaublich langsam* ruft eine Vorstellung von einem Mann hervor, der sich auffallend langsam fortbewegt. Udo könnte in der Realität aber ein durchschnittlicher Marathonläufer sein, und die Aussage stammt von einem ahnungslosen Zuschauer, der beiläufig beobachtete, wie ihn ein Sprinter über eine kurze Distanz überholt. Ein Trainer, der beide Läufer kennt und ihre Leistungen in Relation zu setzen weiß, könnte entgegnen *Udo läuft nicht sonderlich langsam*. Da der Leser ohne Weiteres nicht weiß, wer *Udo* ist, hängt die Vorstellung, die von ihm erzeugt wird, maßgeblich von einem subjektiven Maßstab der Sprecherin / des Sprechers oder der Verfasserin / des Verfassers ab, ganz gleich wie langsam oder schnell *Udo* tatsächlich ist. Die beiden Token werden in Zitationen kursiv oder unterstrichen hervorgehoben.

6.1.4. Inklusives und exklusives Wir

Nach Fairclough kann der Gebrauch des Pronomens *wir* bzw. *uns* Exklusion implizieren, je nachdem inwieweit es sich auf eine Gruppe bezieht, die bestimmte Merkmale oder Eigenschaften (e.g. Hautfarbe, Klasse, Ethnie, Geschlecht etc.) miteinander teilen. In diesem Fall wird implizit ausgeschlossen, da *sie*, das/die Andere/n, diese Merkmale oder Eigenschaften nicht teilen. (FAIRCLOUGH 1995:181) Gleichwohl kann der Gebrauch des Pronomens *wir* aber auch positiv, also inklusiv, gewertet werden, sofern er keinen impliziten Verweis auf Merkmale oder Eigenschaften birgt, die das Andere nicht besitzt. Beispielsweise ist der Gebrauch von *wir* im Sinne einer Bezeichnung für die nicht weiter definierte Bevölkerung Frankfurts im Kontext eines Textes, der Multikulturalismus in der Stadt Frankfurt thematisiert, kein ausschließendes Moment, weil es alle Merkmale oder Eigenschaften, die Einwohner/-innen Frankfurts aufweisen können, abdeckt. Allenfalls könnte man sich mit dieser Praxis von anderen Städten, Orten etc. abgrenzen.

Nichtsdestoweniger können die Pronomina aber auch vage sein, sofern nicht ersichtlich ist, wer genau damit bezeichnet wird. In Zitationen werden sie unterstrichen.

Van Dijk trägt eine Definition zur Identifizierung von Alltagsrassismus bei, welche angesichts des Pronomengebrauchs nach Fairclough einen speziellen Fokus vorgibt. Sie lautet wie folgt: Rassismus als Ideologie ist in erster Linie ein Resultat dessen, was *Wir* (Weiße, Europäer, Deutsche, etc.) glauben zu sein oder sind, d.h. wie wir aussehen, wo wir herkommen, für was wir stehen, was unsere Werte und Pflichten sind, sprich, unsere Interessen und was sie im Vergleich zu denen anderer Gruppen, etwa Nicht-Weißen kennzeichnet. (VAN DIJK 1998:129) Die Verknüpfung von *Wir* bzw. *uns* mit diesen Identität stiftenden Momenten ist also von besonderem Belang in dieser Untersuchung.

6.1.5. Weitere methodische Ansprüche seitens der KDA zur Gewährleistung eines interpretativen, erklärenden und historischen Gehaltes

Es griffe zu kurz, bei der Identifizierung von Alltagsrassismus stehen zu bleiben und währenddessen von einem Schwerpunkt auf KDA zu sprechen. KDA ist sozusagen eine Herangehensweise, die Angst vor Schwierigkeit und Zweifel verloren hat. Sie wird von der Leidenschaft befeuert, dass das Begreifbare verstanden werden kann, wenn man es fest genug will oder kann. Sie will somit alles, was ihr möglich ist, solange sie zumindest ein begründbares Gefühl dafür hat, wovon sie spricht. Gemeinsam mit Wodak fasst Fairclough neben den o.g. Methoden, die die Felder Pragmatik und Semantik implizieren, weitere Ansprüche zusammen, derer da sind:

"1. CDA addresses social problems
2. Power relations are discursive
3. Discourse constitutes society and culture
4. Discourse does ideological work
5. Discourse is historical
6. The link between text and society is mediated
7. Discourse analysis is interpretative and explanatory
8. Discourse is a form of social action."

(FAIRCLOUGH & WODAK 1997:271-280 in: VAN DIJK 2001:352)

Freiheit bedarf ihrer Grenzen. Um die o.g. zu erfüllen, werden bei der Analyse von ausgewählten Auszügen aus Sarrazins Werk Quellen aus verschiedenen wissenschaftlichen Disziplinen Berücksichtigung finden müssen. ‚Interpretativ' wird hier in der Praxis des Aufzeigens von evtl. nicht dargelegten Gegenstandpunkten verstanden. Unabdingbar ist dahingehend die Auseinandersetzung mit von Sarrazin zu Rate gezogenen Quellen, als da in dieser Studie sind: die PISA-Studie 2006 (PISA-KONSORTIUM DEUTSCHLAND 2006), eine Studie im Kontext der Rekrutierung der Bundeswehr in Schwaben und der Uckermark (EBENRETT et. al. 2002), eine Langzeitstudie über Rechtschreib- und elementare Rechenkenntnisse bei Ausbildungsplatzbewerbern der BASF (BASF AG 2008), eine Längsschnittstudie zur Intelligenzentwicklung (LEHR 2007) und ein Zeitungsbeitrag der Lernpsychologin Elsbeth Stern (2005), in dem sie eigene wissenschaftliche Erkenntnisse wiedergibt. Beachtung werden im Fall der Studien die Test-Gütekriterien Objektivität, Reliabilität und Validität finden. Weiterführende Befunde aus dem Feld der Psychologie werden mittels dem von Oerter/Montada herausgegebenen Lehrwerk *Entwicklungspsychologie* (2002, 5. Aufl.) auf ihre Stichhaltigkeit hin überprüft, finden sich keine Erklärungen im *Psychologischen Wörterbuch Dorsch* (HÄCKER, H.; STAMPF, K.-H 2004). Da Sarrazin sich auf die Lehre Charles Darwins beruft, werden seine Ausführungen dazu denen des Historikers Sarasin (2009) gegenübergestellt. Sarasin behandelt Darwins Theorien ausführlicher und räumt weit verbreitete Missverständnisse über sie aus. Letztlich entwickelten Darwins Theorien aus einem bestimmten, zu seinen Lebzeiten hegemonialen Diskurs eine Eigendynamik, welche Darwin selbst befremdlich erschien. Sarasins Werk verspricht, einen Bogen zu Historie betreffenden Ansprüchen im Rahmen der KDA zu schlagen. Er schreibt:

> „[Dieses Buch] verfolgt ein weitgehendes, doppeltes Ziel. Es wendet sich zum einen gegen den *Biologismus*, der gegenwärtig – und in ähnlicher Weise wie der sogenannte Monismus um 1900 – uns glauben zu machen versucht, dass alles menschliche Fühlen, Denken, Sprechen und Handeln auf genetisch »angelegte« oder sonst wie unausweichliche, biochemisch determinierte und neurologisch positivierbare Prozesse zurückgeführt werden könne; der neue Biologismus behauptet überdies, es gebe eine Natur des Menschen, die bedauerlicherweise nicht nur unveränderlich, sondern auch der modernen Zivilisation reichlich unangepasst sei, weil sie in der

Jungsteinzeit vor mindestens 10 000 Jahren ihre finale Ausformung erhalten habe." (SARASIN 2009:14-15)

Ebenso verspricht Sloterdijks *Kritik der zynischen Vernunft* (1983) behilflich dabei zu sein, um sich dem Kern des Zynismus zu nähern, aus welchem sich Verachtung von Anderen speist. Der historische Gehalt des Werkes ist in ähnlicher Weise fruchtbar, wie im Fall von Sarasin. Sofern sich Einschätzungen der beiden Autoren sogar überschneiden, kann historisch verankert werden.

Für die Analyse des *Integrationskonzepts 2010* der Stadt Frankfurt werden neben der bereits aufgeführten Methoden Beiträge aus der Soziologie und Politologie an Bedeutung gewinnen, weil die Verfasstheit des kapitalistischen Systems an sich folgenschwer für seine Gestaltung ist. Um die Verfasstheit von Macht im kapitalistischen Kontext zu durchleuchten, bildet der Netzwerkgedanke nach Boltanski und Chiapello in *Der neue Geist des Kapitalismus* (2003) die Grundlage, der neben den Faktoren Kreativität und Flexibilität auch Sennett in *Der flexible Mensch* (1998) beschäftigte. Weitere Beiträge zu Kreativwirtschaft und Kreativer Stadtpolitik sollen den Blick zusätzlich schärfen.

6.2. Theoretische Grundlage für den Entwurf des Fragekatalogs

Es gilt, zu begründen, weshalb die Wahl zur Entwicklung eines Frage- bzw. Kriterienkatalogs auf Beiträge von Habermas, Taylor und Honneth fällt: Vor allem sind sie miteinander verknüpfbar, weil die Qualität von Sprache darin Dreh- und Angelpunkt des Miteinanders ist. Insbesondere Habermas verschreibt sich mit dem Entwurf einer kritischen Gesellschaftstheorie aber Umfassenderem als Multikulturalismus alleine. Sie ist nur im Ganzen schlüssig, wird deshalb als solche behandelt und eröffnet in dem Zuge ein breiteres Spektrum zur Bewertung der Dinge. Schließlich können dadurch Faktoren identifiziert werden, welche nicht unmittelbar von Bedeutung erscheinen, es aber tatsächlich sind. Taylors Beitrag ist konkreter an der Thematik Multikulturalismus orientiert als die von Habermas und Honneth. Er verspricht, den speziellen Themenkomplex, Multikulturalismus, fester fassen zu können. Zu guter Letzt konzentriert sich Honneth nicht nur auf die Anerkennung anderer Kulturen, sondern auf Anerkennung im weiteren Sinne. Seine Ausführungen reichen bis hin zur Anerkennung von Angestellten in Unternehmen, was in einem Kontext, in dem wirtschaftliche Interessen vermutet werden, hilfreich zu sein verspricht.

6.2.1. Grundriss der Kritischen Theorie nach Habermas

Habermas ideologiekritisches Modell gründet in der Annahme, dass moderne Gesellschaften durch ein Selbstverständnis von Freiheit und Gleichheit geprägt sind. Menschen als Freie sollten „nur solchen Gesetzen unterworfen sein, die aus einem Meinungs- und Willensbildungsprozess in einer demokratischen Öffentlichkeit hervorgegangen sind". (ISER & STRECKER 2010:57) Das Moment der Gleichheit setzt voraus, dass alle in fairer Weise an dieser Öffentlichkeit beteiligt sein sollten, (ISER & STRECKER 2010:57) obschon offen bleibt, was genau unter fair verstanden wird. Es wird daher mit einer Intention, möglichst weite Teile an der Öffentlichkeit zu beteiligen, übersetzt. In Hinblick auf den Einfluss des Marktes ist Habermas Ansatz an Karl Marx orientiert, sodass dieser nicht als neutral angesehen wird. Materiales Elend zwinge Arbeiter dazu ihre Arbeitskraft gegen Entgelt einzutauschen, weshalb es sich nicht um einen Tausch unter Gleichen handle. (ISER & STRECKER 2010:58) Aufgrund dieses Ungleichgewichts geht Habermas von einem Verfall politischer Institutionen aus, weshalb es neue institutionelle Formen der Einflussnahme geben müsse.

In seiner Habilitationsschrift *Strukturwandel der Öffentlichkeit* beanstandet er, dass der Staat in immer weitere Bereiche der Gesellschaft eingreife, um untere Schichten aus diesem Ungleichgewicht der Kräfte zu befreien. (ISER & STRECKER 2010:59) Bürokratische Organisationsformen wie Massenparteien oder Gewerkschaften würden zur Einflussnahme der Bürger eingesetzt, ermöglichten dies jedoch nur bedingt, weil Bürger darin nicht als autonome Subjekte operierten. Diese politische „Apparatur" verselbstständige sich „autoritär und abstrakt" (HABERMAS 1973:51 in: ISER & STRECKER 2010:60) Habermas sieht eine Auflösung dieses Demokratiedefizits darin, alle Organisationen intern zu demokratisieren. (HABERMAS 1961:337 in: ISER & STRECKER 2010:60)

Da die Verselbstständigung der staatlichen Apparatur Bürgern mitunter nicht bewusst sei, ist Habermas an Lösungsansätzen gelegen, die in unhinterfragbaren Aspekten der menschlichen Lebensform wurzeln, nicht in einer bestimmten politischen Kultur. Erkenntnisinteressen könnten als gemeinsamer Nenner aller Subjekte im Projekt der Moderne verstanden werden. Dies impliziert auch unterschiedliche Kulturen. (ISER & STRECKER 2010:59) In *Erkenntnis und Interesse* (1968[1]) leitet er aus dieser Grundüberzeugung neben dem technischen und praktischen das emanzipatorische Erkenntnisinteresse ab. Letztes dient als Vorraussetzung für die Annahme, „dass Menschen über alle kulturellen Grenzen hinweg ein gemeinsames Interesse an einer Gesellschaft haben, die nur so restriktiv wie unbedingt nötig, aber so liberal wie möglich ist[.]" (ISER & STRECKER 2010:64) Ansonsten sei Herrschaft irrational. In der Sprache kommt dieses allen Subjekten innewohnende Interesse für Habermas zum Ausdruck:

> „Das Interesse an Mündigkeit schwebt nicht bloß vor, es kann a priori eingesehen werden. Das, was uns aus der Natur heraushebt, ist nämlich der einzige Sachverhalt, den wir seiner Natur nach kennen können: *die Sprache*. Mit ihrer Struktur ist Mündigkeit *für uns* gesetzt. Mit dem ersten Satz ist die Intention des allgemeinen und ungezwungenen Konsensus unmißverständlich ausgesprochen." (HABERMAS 1968[2]:163)

Weil diese These unweigerlich in eine Vorstellung von Gesellschaft mündet, die wie ein einzelnes, riesiges Subjekt gedacht ist – was Pluralismus somit zuwider liefe – überführt Habermas in ein kommunikationstheoretisches Modell. In ihm ist Interaktion Ausgangspunkt für alles Weitere: Zum einen unterscheidet Habermas Regeln der Interaktion, die über alle kulturellen Grenzen notwendigerweise befolgt werden, zum anderen ist ihm in Anlehnung an die Psychoanalyse an einem aufklärerischen Prozess mittels Selbsterkenntnis gelegen, der von Illusionen befreien soll. Er vollzieht damit den *linguistic turn*. (ISER & STRECKER 2010:66-67) In der zweibändigen *Theorie des kommunikativen Handelns* (1981), welche sein Hauptwerk darstellt, vertieft er diese Grundüberzeugung in drei Teiltheorien: einer Rationalitäts- einer Handlungs- und einer Gesellschaftstheorie.

6.2.2. Der Begriff der kommunikativen Vernunft

In der Rationalitätstheorie spiegelt sich die o.g. Verselbstständigung der staatlichen Apparatur wider. Sie ist für Habermas Resultat eines Prozesses einseitiger Rationalisierung. Der Gehalt der Teiltheorie ist aber grundsätzlich komplexer: Habermas konzentriert sich auf die Verwendung von Sprache im Sinne pragmatischer und performativer Dimensionen. Sprache ist für ihn dadurch charakterisiert, dass mit ihrem Gebrauch Intentionen einhergehen. Sie werde dafür gebraucht sich miteinander zu einigen, und Subjekte *tun* somit etwas mit ihr. Grundsätzlich wird vorausgesetzt, dass jede Sprechhandlung einen Wahrheitswert besitzt, weshalb ihnen Rationalität zugeschrieben wird. Im Ausnahmefall von Betrug wird sich dies zu Nutze gemacht, indem vom Betrüger eine andere Intention für eine Sprechhandlung angegeben wird als die eigentlich verfolgte. Weil man davon aber generell nicht ausginge, ändere das nichts am Wahrheitswert der Aussage eines Betrügers. Vernunft ist für Habermas in Redepraxis sinngemäß charakteristisch. (ISER & STRECKER 2010:67-71)

Unter der Voraussetzung, dass ein gemeinsames Ziel im Sinne eines Konsens angestrebt wird, müssten Sprecher jedoch eine Vorstellung davon haben, auf was sich beim Gespräch bezogen wird, sodass Aussagen objektiv beurteilbar sind. Aussagen könnten laut Habermas aus genau drei Gesichtspunkten bezweifelt oder verteidigt werden: dem der Wahrheit, der Richtigkeit und der Wahrhaftigkeit. Entsprechend unterscheidet Habermas drei Geltungsansprüche von Aussagen: (propositionale) Wahrheit, (normative) Richtigkeit und (expressive) Wahrhaftigkeit. Sie bilden die Grundlage für seinen dreidimensionalen Rationalitätsbegriff und eine kritische Theorie von Gesellschaft, die Herrschaftsfreiheit und die Inklusion aller zur Folge haben soll. In Anlehnung an Karl-Otto Apel geht Habermas nämlich davon aus, dass sich ein Sprecher, dem am Ausschluss bestimmter Subjekte aus dem Diskurs gelegen ist, in performative Selbstwidersprüche verstricken würde. Letztlich würde er auf performativer und pragmatischer Ebene Gegenargumente zur Verteidigung seiner Geltungsansprüche entwerfen, da er bestimmte Personen nicht davon abhalten könne, seine Behauptungen zu überprüfen. (ISER & STRECKER 2010:72-74) Ferner setzt Habermas die Chance gleichsamer Beteiligung, die Aufrichtigkeit der Diskursteilnehmer sowie die Abwesenheit von Zwang voraus. (HABERMAS 2005:89 & 1996:62 in: ISER & STRECKER 2010:74) Wichtig ist anzubringen, dass es sich dabei um ein ideales Mittel zum Erreichen eines Konsens handeln soll und nicht um die Beschreibung eines Ist-Zustandes. Habermas hält mittlerweile dafür, dass die Wahrheit eines Sachverhalts unabhängig vom Konsens der Diskursteilnehmer bleibt. (ISER & STRECKER 2010:75) Nur so ist auch die Verselbstständigung der staatlichen Apparatur zu erklären.

Bezüglich normativen Fragen hält Habermas einen argumentativ erzielten Konsens für das Kriterium seiner Richtigkeit. „Den Sinn der Legitimität von Handlungsnormen erklärt nach Habermas das Diskursprinzip (D): »[N]ur die Normen dürfen Gültigkeit beanspruchen, die in praktischen Diskursen die Zustimmung aller Betroffenen finden können.«" (HABERMAS 1996:59; 1983:103, 132 in: ISER & STRECKER 2010:76) Er unternimmt dabei den Versuch der Erweiterung des Kategorischen Imperativs nach Kant. Das Diskursprinzip erfordere, eine dialogische und nicht monologische Auseinandersetzung mit allen Betroffenen, sodass eine wechselseitige Rollenübernahme eine Relativierung der eigenen Perspektive angesichts der anderer Diskursteilnehmer zur Folge haben könne. Jeder Einzelne besäße ein Vetorecht. (HABERMAS 1996:61 ff. in: ISER & STRECKER 2010:76)

Wahrhaftigkeitsfragen wiesen die Besonderheit auf, dass sie nicht wie Richtigkeitsfragen, diskursiv einlösbar und nicht wie Wahrheitsfragen, diskursiv klärbar seien. Sprich, ob eine Person das meint, was sie sagt, kann nur in Anbetracht ihres Handels herausgefunden werden. Folglich setzt sich die Rationalisierungstheorie zum Ziel Selbstbewusstsein, Selbstbestimmung und Selbstverwirklichung auf rationale Art und Weise zu beurteilen. (HABERMAS 1996:61 ff. in: ISER & STRECKER 2010:76)

6.2.3. Der Begriff des kommunikativen Handelns

Für Habermas besteht eine Verbindung zwischen Rationalität und Handeln. Dem sei so, da der Mensch als Sprache verwendendes und sich selbst interpretierendes Wesen, darauf angewiesen sei, sich sein Handeln verständlich zu machen. Schließlich müsse sinnvolles Handeln auf Motiven beruhen, was Geltungsansprüche auf Wahrheit im Handeln impliziert. Besäße Handeln keinen Bezug zu Wahrheit, könne es nicht sinnvoll oder vernünftig sein. (ISER & STRECKER 2010:79-81) Sprich, wären Menschen nicht dazu im Stande, zu lernen, würde es keinen Sinn ergeben, es zu tun. Das Denken des einzelnen Subjekts, um sich das eigene Handeln verständlich zu machen, versteht Habermas als internalisiertes Gespräch mit imaginären anderen. Davon seien auch (normative) Richtigkeit und (expressive) Wahrhaftigkeit betroffen. (ISER & STRECKER 2010:81-82) Will heißen: Das Subjekt denkt auch darüber nach, ob es etwas tun *darf* oder *will*.

Habermas unterscheidet drei Handlungsbegriffe, teleologisch, normenreguliert und dramaturgisch: *Teleologisches*, also zielgerichtetes Handeln, bezeichnet Habermas in Bezug auf Menschen als ‚strategisch' und in Bezug auf Dinge ‚instrumentell'. Es sei objektiviert. Teleologisches Handeln könne somit den eigenen Zielen förderlich oder hinderlich sein. Habermas hält es für problematisch, weil eine Konzentrierung auf objektive Wahrheit, Fragen der Richtigkeit in den Hintergrund rücken könne. Zudem könne es Subjekten verwehren, sich selbst als zweckmäßig zu erleben. Rational sei eine teleologische Handlung lediglich in dem Maße, in dem sie sich als wirksam erweist. (HABERMAS 1981[1]:130 in: ISER & STRECKER 2010:83)

Der Begriff des *normenregulierten Handelns* dient der Beurteilung von Legitimität der Handlungen. Entscheidend dafür ist das Gegenüberstellen von objektiver und sozialer Welt, da in dem Zuge über Unglück und Unrecht abwägt werden könne. Zudem könne eine beliebige Norm nur befolgt werden, wenn man sich ihrer objektiven Gültigkeit in einem sozialen Kontext bewusst sei. (ISER & STRECKER 2010:83-84)

Weil normreguliertes Handeln jedoch blind für die Innenwelt der beteiligten Subjekte sei, führt Habermas zu guter Letzt den Begriff *dramaturgisches Handeln* ein. „So versucht der Akteur beim dramaturgischen Handeln anderen gegenüber darzustellen, welche subjektiven Erlebnisse, also Wünsche, Gefühle und Empfindungen er hat und wie er sich versteht." (ISER & STRECKER 2010:84)

Unterm Strich soll Habermas' Theorie Handeln aber nicht nur erklären oder bewerten. Mit seiner Theorie gehe für ihn auch der Anspruch einher, Kommunikation zu einem förderlichen Moment des Miteinanders zu erklären. (ISER & STRECKER 2010:86)

6.2.4. Lebenswelt und System

Mit der dritten Teiltheorie, die Habermas entwirft, schlägt er auf Grundlage kommunikativer Vernunft und kommunikativem Handeln den Bogen zu einer Gesellschaftstheorie. Grundlegend ist für ihn derweil die Unterscheidung von Lebenswelt und System.
Habermas verwendet die Begriffe Gesellschaft und Lebenswelt zunächst synonym. Er bevorzuge jedoch den Begriff Lebenswelt, weil er im Vergleich zu dem Begriff Gesellschaft bereits genauer bestimmt worden sei. „Die Lebenswelt besteht demzufolge aus Sinnstrukturen. Entsprechend gilt Habermas die Lebenswelt (bzw. die Gesellschaft) zunächst als jener Bereich, in welchem Subjekte vor einem stets gegebenen Hintergrund tradierter Werte, Auffassungen und Überzeugungen Handlungen ausführen und koordinieren[.]" (HABERMAS 1981:182 ff. in: ISER & STRECKER 2010:88) Kritik könne nur einzelne Prämissen aus diesem Sammelsurium geteilter Sinnstrukturen erfassen, weil eine Infragestellung allen Sinns aller Möglichkeiten berauben würde, die es ermöglichten Sinngehalt überhaupt zu hinterfragen. Was als Hintergrundwissen zur Beurteilung von Sinngehalten verstanden wird, sei indessen zwar unscharf, aber gewährleiste eine notwendige Flexibilität angesichts unterschiedlicher Kontexte. Habermas geht davon aus, dass die

Problematisierung von Sinngehalten insbesondere dann praktiziert werde, wenn *unser* Handeln scheitere. Im Zuge des handlungsentlastenden reflexiven Diskurses ist eine Vergegenwärtigung der Hintergrundverständnisse allerdings möglich, was es Gesellschaften nach Habermas ermögliche, die Sinngehalte, die sie ausmachten, auch über Generationen hinweg zu ‚reproduzieren'. Eine Theorie des kommunikativen Handelns ist für Habermas in der Folge die einzige, die ermöglicht zu verstehen, wie Gesellschaft wirklich funktioniere. (ISER & STRECKER 2010:89)

Habermas erweitert sein Verständnis von Lebenswelt um drei weitere Komponenten: Kultur, Gesellschaft und Persönlichkeit. Zur Bedeutung der Lebensweltkomponente Kultur fassen Iser und Strecker Folgendes zusammen:

> „Eine jede Gesellschaft muss über einen sinnstiftenden Vorrat an kulturellen Wissensbeständen und Deutungsmustern verfügen, aus dem man Ziele und Werte schöpfen und anhand deren man sich verständigen kann. [...] All dies muss auf der Überzeugung der betroffenen Subjekte beruhen und lässt sich nicht einfach verordnen: Es macht keinen Sinn jemandem zu befehlen, er solle von etwas überzeugt sein; um überzeugt zu sein, benötigt man Gründe. Deshalb ist kommunikatives Handeln von zentraler Bedeutung für die Lebensweltkomponente *Kultur*." (ISER & STRECKER 2010:90-91)

Die zweite Lebensweltkomponente, *Gesellschaft*, ist mit dem Begriff der Solidarität gekoppelt. Sie gründet in der Überlegung, dass die Bestrebung des Findens eines Konsens aller Diskursteilnehmer nicht gegeben sein muss. Diskursteilnehmer können sich ihr verweigern. Habermas spielt mehrere Szenarien durch, deren Ausführung im Rahmen dieser Untersuchung zu speziellen Charakter inne hätte. Umso wichtiger ist seine darauf aufbauende Auffassung, dass Zwang und der Einsatz von Gewalt unbefriedigende Lösungen darstellten und ein solidarisches Gefühl sich nur dann auf Dauer einstellen kann, wenn sich alle Betroffenen gegenseitig bejahten. (ISER & STRECKER 2010:92)

Persönlichkeit und *Ich-Stärke* ist schließlich sinnverwandt mit der Anerkennungstheorie, welche im methodischen Teil zu Honneth verfeinert werden wird. Habermas schreibt indes: „Nun kann niemand seine Identität unabhängig von den Identifikationen aufbauen, die andere mit ihm vornehmen. [...] So ist nicht eigentlich die Selbstidentifikation, sondern die intersubjektiv anerkannte Selbstidentifikation Grundlage für die Behauptung der jeweils eigenen Identität." (HABERMAS 1976:21 in: ISER & STRECKER 2010:92) Dies werde sprachlich vermittelt und sollte nicht im Sinne von Konditionierung durch Strafe oder Belohnung erfolgen, sondern mittels plausibler Begründung. (ISER & STRECKER 2010:93) Damit zur Logik und Dynamik gesellschaftlicher Entwicklungen: Je höher, so Habermas, die Notwendigkeit eine Aussage zu begründen, ohne sich auf unhinterfragte Gewissheiten zu stützen, umso rationaler das Weltbild, mit dem man es zu tun habe. (vgl. HABERMAS 1976:19 in: ISER & STRECKER 2010:93) Mit der Notwendigkeit von Begründungen stiege die Wahrscheinlichkeit, dass ein Anspruch als illegitim entlarvt werden könne, gleich was man unter legitim oder illegitim verstehe. Entscheidend sei, dass Herrschende überhaupt gezwungen seien, Antworten zu begründen, worin Habermas einen potenziellen Lernprozess sieht. (ISER & STRECKER 2010:93-94) Über Generationen habe dies eine Veränderung der Lebenswelt zur Folge, welche wiederum zu einer fortschreitenden Rationalisierung der drei Rationalitätsdimensionen führe. Zum Ausdruck käme sie in den drei Wissenssphären Wissenschaft und Technik (Wahrheit), Recht und Moral (Richtigkeit) sowie Kunst und Kritik (Wahrhaftigkeit). Entsprechende Expertenkulturen konzentrierten sich auf je eine Geltungsdimension davon. Hinsichtlich dem Schwerpunkt dieser Studie erweist sich die Trennung von Richtigkeit und Wahrheit als besonders interessant. Rassistische oder sexistische Annahmen ließen sich etwa durch Empirie widerlegen. (ISER & STRECKER 2010:94-96) Zumal Habermas in dieser Rationalisierung eine vernünftigere Gesellschaft begründet sieht, was ihn zu der Schlussfolgerung verleitet, dass Kommunikations- und Verständigungsverhältnisse grundlegend für die Verfassung der modernen Gesellschaft seien. (ISER & STRECKER 2010:97-98)

Mit dem Zugewinn an Rationalität gingen allerdings ein Dissensrisiko und scheiternde Handlungskoordinierung einher. Zudem benennt Habermas ein potenzielles Aufkeimen strategischen Handelns. „Die Ausdifferenzierung von Fragen der Wahrheit (objektive Welt) und solchen der Richtigkeit (soziale Welt) ermöglicht nämlich ein Handeln, das dadurch gekennzeichnet ist, dass es effektiv auf die Welt einzuwirken vermag, ohne sich um die Legitimität der Handlungsorientierung zu kümmern." (ISER & STRECKER 2010:98) Über Medien, Macht und Geld können Handlungen koordiniert werden, ohne dass ein kommunikatives Handlungsmuster im Sinne der Theorie gegeben sei. „[Die] Unterscheidung von Lebenswelt und System gehört [deshalb] zu den wichtigsten Weichenstellungen innerhalb der Habermas'schen Gesellschaftstheorie[.]" (ISER & STRECKER 2010:99) Sprich, Wirtschaft und Staat seien zwar nicht grundsätzlich durch strategisches Handeln charakterisiert, aufgrund der gesellschaftlichen Institutionalisierung durch das Recht überschatteten Geld und Macht aber das beste Argument. Beides motiviere auf empirischer Basis, nicht auf rationaler und ließe sich demnach auch nicht effektiv kritisieren. (ISER & STRECKER 2010:101) Marktwirtschaft und Staat sind nach Habermas' Auffassung dennoch nicht *per se* problematisch. „Zu einem Problem werden die Systeme erst, wenn ihre Funktionslogiken in die Lebenswelt eindringen und das dort notwendige kommunikative Handeln verdrängen." (ISER & STRECKER 2010:103)

6.2.5. Taylors Multikulturalismus und die Politik der Anerkennung (2009)

Charles Taylor ist dem Kommunitarismus zuzuordnen. Charakteristisch für diese Weltanschauung ist die Kritik am Neoliberalismus. Dessen Akzent auf Individualisierung wird mit der Forderung nach mehr Verantwortung des Individuums gegenüber dem Rest der Gesellschaft entgegnet. In Neoliberalismus wird ferner der Ursprung einer Krise moderner Gesellschaften gesehen, welche von Entsolidarisierung, Werteverfall, Legitimitäts-, Identitäts- und Sinnkrise geprägt ist. (RIEGER 2004:433) Taylors Essay *Multikulturalismus und die Politik der Anerkennung* (2009) ist nicht im gleichen Maße anwendungsorientiert wie etwa die Theorie von Habermas. Eher ist es als Gegenentwurf zu einer neoliberalen Gesellschaftsordnung zu verstehen. Nichtsdestotrotz bietet es eine Reihe von fruchtbaren Thesen, die das Verständnis für Anerkennung schärfen, sich dem Thema Multikulturalismus sehr direkt zuwenden und deshalb als Kriterien für zur Bewertung von Anerkennungspraktiken herangezogen werden.

Taylor verortet die Anfänge eines Wandels hin zu einer Politik der Anerkennung bei Jean-Jacques Rousseaus. „Rousseau formuliert das Problem der Moralität häufig so, als gehe es dabei um die Frage, wie wir einer Stimme der Natur in uns folgen können. [...] Moralische Läuterung ist möglich, sofern wir in ein authentisches moralisches Verhältnis zu uns selbst treten." (ROUSSEAU 1959:1047 in: TAYLOR 2009:17) Authentizität nimmt für Taylor in der Folge einen besonderen Stellenwert ein. Er hält dafür, dass man sie nur in sich selbst finden könne. „Wie das Individuum, so sollte auch das »Volk« sich selbst, das heißt seiner Kultur treu sein. Deutsche sollten nicht versuchen, sich in künstliche und (unvermeidlicherweise) zweitklassige Franzosen zu verwandeln[.]" (TAYLOR 2009:18-19) Wie für Habermas ist Sprache von zentraler Bedeutung, wenngleich Taylor den Begriff weiter fasst. Für ihn umfasst er nicht nur Verbales, sondern etwa auch Kunst, Gestik oder Liebe. Im Dialog entwickele sich Identität, die um Anerkennung ringe. (TAYLOR 2009:19-22) Dem

Wunsch nach Anerkennung wird in modernen Gesellschaften auch im Allgemeinen entgegengekommen. „Gleichheitliche Anerkennung ist [aber] nicht lediglich ein Verhaltensmodus, der einer demokratischen Gesellschaft angemessen ist. Ihre Verweigerung kann denen, die ihrer nicht teilhaftig werden, tatsächlich Schaden zufügen. Die Projektion eines diskriminierenden oder erniedrigenden Bildes auf einen anderen Menschen mag, je nachdem, wie stark es verinnerlicht wird, zerstörerisch und unterdrückend wirken." (TAYLOR 2009:23)

Taylor unterscheidet zwei liberal-politische Strömungen, die sich aus diesem Zusammenhang ausgebildet haben: Politik des Universalismus und Politik der Differenz. Diese werden an anderer Stelle als Liberalismus 1 und Liberalismus 2 bezeichnet. Walzer definiert diese im Folgenden knapp und treffend:

> „Die erste Art des Liberalismus (»Liberalismus 1«) setzt sich so nachdrücklich wie möglich für die Rechte des Einzelnen ein und, gleichsam als logische Folge hiervon, auch für einen streng neutralen Staat, also für einen Staat ohne eigene kulturelle oder religiöse Projekte, ja sogar ohne irgendwelche kollektiven Ziele, die über die Wahrung der persönlichen Freiheit und körperlichen Unversehrtheit, des Wohlergehens und der Sicherheit der Bürger hinausging. Die zweite Art von Liberalismus (»Liberalismus 2«) läßt zu, daß sich ein Staat für den Fortbestand und das Gedeihen einer bestimmten Nation, Kultur, oder Religion oder einer (begrenzten) Anzahl von Nationen, Kulturen und Religionen einsetzt – solange die Grundrechte jener Bürger geschützt sind, die sich in anderer Weise (oder gar nicht) engagieren oder gebunden fühlen." (WALZER 2009:93 in: TAYLOR 2009:93)

Während die Politik des Universalismus einen Akzent auf Nicht-Diskriminierung setze, bildeten Unterschiede in der Politik der Differenz die Grundlage. Taylor favorisiert den Liberalismus 2. In seinem Rahmen stellt Assimilation eine Verletzung des Ideals der Authentizität dar. (TAYLOR 2009:25-26)

Er geht davon aus, dass sich der Liberalismus 1 zusehends als untauglich in modernen Gesellschaften erweisen könne, da er für Differenz blind sei. Er ließe keine Ausnahmen zu und sei misstrauisch gegenüber kollektiven Zielen, was für Taylor dem Anspruch der selbst definierten Auffassung eines *guten Lebens* von Gruppen zuwider laufe. Notwendige gesetzliche Abwandlungen würden nicht vorgenommen, obschon die Forderung der Abwandlungen *bestimmte* Rechte, respektive Grundrechte, ohnehin nicht beträfe. (TAYLOR 2009:47) Kultureller Selbsterhaltung sei legitim. (TAYLOR 2009:50 f.) Besondere Beachtung schenkt Taylor dem Islam, und zwar in zweierlei Hinsicht: Zum einen hebt Taylor hervor, dass die Hauptströmungen des Islams eine Trennung von Politik und Religion ablehnten, was in der Folge mit liberalen Grundsätzen kollidiere. Zum anderen kommt jedoch das Dialogische zum Tragen, wenn Taylor darauf verweist, dass einige Vertretern des Islam zu Recht anbrächten, dass das Wort *säkulär* bereits aus dem Wortschatz des Christentums hervorgegangen sei. Zudem sei der „westliche Liberalismus, was vielen Muslimen durchaus bewusst ist, nicht so sehr Ausdruck der säkulären, post-religiösen Anschauungen, die unter liberalen *Intellektuellen* verbreitet sind, als vielmehr – zumindest aus der Perspektive des Islam – ein organisch aus dem Christentum hervorgegangenes Ideengebäude." (TAYLOR 2009:49)

Taylor spricht sich dafür aus, anderen Kulturen gleichen Wert beimessen, hält einen Rechtsanspruch darauf aber nicht für sinnvoll. Er schreibt: „Bei unserer Beschäftigung mit einer Kultur werden wir entweder etwas entdecken, das großen Wert besitzt, oder nicht. Aber zu fordern, daß wir etwas finden *müssen*, ist genauso unsinnig, wie zu verlangen, wir müßten herausfinden, daß die Erde rund oder flach oder daß die Lufttemperatur hoch oder niedrig ist." (TAYLOR 2009:56)

6.2.6. Honneths Anerkennung als Ideologie (2004)

Das Essay *Anerkennung als Ideologie* (2004) von Honneth eröffnet eine kritischere Dimension zur Beurteilung von Anerkennung. Honneth verschreibt sich in dem Essay der Frage, wie in der Gegenwart Formen der öffentlichen Bekundung des sozialen Werts einen Herrschaftscharakter besitzen können. (HONNETH 2004:54) Letztlich, so Honneth, lebten wir in einer „affirmativen Kultur", in der „Anerkennung häufig bloß rhetorische Züge [und] Surrogatcharakter [besäße]." (HONNETH 2004:51) Er gliedert die Auseinandersetzung mit der Problematik in drei Schritte: Zunächst unternimmt er den Versuch zu klären, was als Praxis der Anerkennung verstanden werden kann und gelangt zu der Erkenntnis, dass der Begriff einen normativen Gehalt besäße. Anschließend unterscheidet er moralisch gerechtfertigte Formen der sozialen Anerkennung, was ihn veranlasst zu schlussfolgern, dass

Ideologien der Anerkennung nur selten irrationalen Gehalt besäßen, sondern stattdessen in unserem Wertehorizont angelegt seien. Schlussendlich ist ihm an einer Lösung für dieses Problem gelegen. Er unternimmt den Versuch Anwendungsbedingungen so weit auszubuchstabieren, dass ein „irrationaler Kern" sichtbar werden kann. Grundsätzlich vermutet er aber, dass die Irrationalität nicht auf semantischer Oberfläche eines evaluativen Vokabulars begründet sei, sondern in einer Diskrepanz zwischen evaluativen Versprechen und materieller Erfüllung. (HONNETH 2004:54)

Zu dem Punkt, was unter Anerkennung verstanden werden kann, hält Honneth fest, dass der Begriff im Sinne einer vagen Auslegung von Hegels Motiv der Herrschaft und Knechtschaft »Bestätigung« nahelege. Ferner weise der Begriff Anerkennung im Englischen, Französischen und Deutschen semantische Unterschiede auf. Während im Deutschen die Verleihung eines positiven Status impliziert sei, berge der Begriff im Englischen und Französischen einen Sinngehalt des »Wiedererkennens« und »Identifizierens«. (HONNETH 2004:55) Honneth geht anschließend dazu über, drei konsensfähige Annahmen zu dem Begriff anzuführen. Hier die ersten zwei:

> „Erstens lässt sich behaupten, das der Originalmodus der »Anerkennung«" in dem besteht, was die deutsche Bedeutung des Wortes ins Zentrum rückt: stets soll darunter zunächst die Affirmierung von positiven Eigenschaften menschlicher Subjekte oder Gruppen verstanden werden, wobei nicht auszuschließen ist, dass auch zu den anderen Bedeutungen eine semantische Verbindung hergestellt werden kann. Zweitens besteht heute wohl auch darin Einigkeit, den Handlungscharakter der Anerkennung hervorzuheben: ein Akt der Anerkennung kann sich nicht in bloßen Worten oder symbolischen Äußerungen erschöpfen, weil erst durch die entsprechenden Verhaltensweisen die Glaubwürdigkeit erzeugt wird, die für das anerkannte Subjekt normativ von Bedeutung ist." (HONNETH 2004:55)

In der Folge sieht Honneth in Anerkennung in Anlehnung an Ikäheimo (2002) und Laitinen (2002) primär eine »Haltung«. (vgl. IKÄHEIMO 2002; LAITINEN 2002 in: HONNETH 2004:55) Drittens identifiziert er die Zielsetzung von Anerkennung als ein „in irgendeiner Weise affirmativ auf die Existenz der anderen Person oder Gruppe [gerichtete Äußerung, wie etwa Gesten, Sprechakte oder institutionelle Vorkehrungen.]" (HONNETH 2004:55-56) Viertens stelle Anerkennung einen Gattungsbegriff dar, weil die »Haltung« unterschiedliche Felder mit der gleichen Grundeinstellung erfasse. (HONNETH 2004:56) Sprich, Verhältnisse zwischen den Geschlechtern, zwischen Ethnien oder Gruppen mit sozio-ökonomisch unterschiedlichem Hintergründen etc. seien prinzipiell nicht die selben, weil sie jeweils Besonderheiten aufweisen würden. Anerkennung ziele auf all diesen Feldern dennoch auf eine gleiche Haltung gegenüber dem Anderen ab. Bei der Charakterisierung dieser Anerkennung sei man indes mit zwei Alternativen konfrontiert: Entweder eine positive Eigenschaft werde erst durch einen Akt, eine Geste etc. mittels Attributierung erzeugt oder sie werde in einer bedeutsamen Weise wiedergegeben, da eine Eigenschaft bereits offenkundig vorhanden sei. (HONNETH 2004:56-57) Problematisch seien beide Alternativen. Im ersten Fall verliere man interne Kriterien zur Beurteilung einer Zuschreibung, weil dem Variationsspielraum keine Grenzen gesetzt seien. Im zweiten Fall werde eine objektive Existenz bestimmter Werte vorausgesetzt. (HONNETH 2004:57) Diese Probleme sieht Honneth dadurch überwindbar, dass eine Fortschrittskonzeption vorausgesetzt werden könne, wenngleich er die Vorstellung einer gerichteten Konzeption nicht vertieft. Er geht jedoch davon aus, dass im Rahmen der menschlichen Sozialisation das normative Niveau der Anerkennung steige. Schließlich steige mit Bestätigung im Rahmen der menschlichen Sozialisation die Möglichkeit der Identifikation mit besonderen Fähigkeiten oder Eigenschaften. (HONNETH 2004:58-59)

Im zweiten Schritt definiert Honneth Anerkennung als ein Reaktionsverhalten, mit dem auf rationale Weise auf Werteigenschaften geantwortet werde, die im Maße der Integration in die zweite Natur der Lebenswelt an menschlichen Subjekten wahrzunehmen gelernt worden seien. (HONNETH 2004:60) Dies stellt für Honneth auch ein Moment dar, das bereits in unserem Wertehorizont angelegt sein müsse, „weil es sich vom Wert anderer Personen bestimmt sein lässt." (HONNETH 2004:61) Drei Quellen der Moral sind für ihn derweil von Bedeutung: Liebe, rechtlicher Respekt und soziale Wertschätzung. Unter Liebe fallen für ihn bspw. das Kindeswohl oder Autonomiebestrebungen von Frauen, rechtlicher Respekt ist Ausgangspunkt der Rechtsgleichheit, Wertschätzung betrifft z. B. die Relation zwischen Leistung und Verdienst. (HONNETH 2004:64) Es handele sich um keine Ideologien der Anerkennung, wenn das Selbstbild bestimmter Subjekte bzw. Gruppen durch dieses Reaktionsverhalten geschädigt wird, die performative Funktion der Wertschätzung nicht glaubwürdig oder evaluativer Vokabular obsolet sei. (HONNETH 2004:61-62) „Insofern kann eine normalisierende Anerkennung nicht dazu motivieren, ein affirmatives Selbstbild zu

entwickeln, das zur freiwilligen Übernahme von fremdbestimmten Aufgaben und Entbehrungen führt." (HONNETH 2004:62) Ferner, fügt Honneth an, muss der Zuschreibung ein kontrastives Moment zu einer gegebenen Situation innewohnen, damit das Anstreben eines anderen Zustandes überhaupt sinnvoll erscheine. (HONNETH 2004:62)
Schlussendlich unternimmt er im dritten Teil den Versuch Anwendungsbedingungen so weit festzulegen, dass ein „irrationaler Kern" sichtbar werden könne. Er identifiziert die Werbung als naheliegendes Werkzeug, verweist aber, wie im zweiten Teil festgehalten, darauf, dass diese glaubwürdig sein müsse, sodass sie im Sinne eine Machtbegriffs nach Foucault operiere. (HONNETH 2004:65) Anschließend widmet er sich einem praktischen Beispiel *in puncto* Adressierung aus der Managementliteratur. Es sei nicht mehr von »Lohnabhängigen« oder »Arbeitskräften« die Rede, sondern von kreativen »Arbeitskraftunternehmern«. (OPITZ 2004: Kap. 8; VOß/PONGRATZ 1989 in: HONNETH 2004:65) Ziel dieser neuen Adressierung sei, Angestellten im Rahmen fortschreitender Flexibilisierung des Arbeitsmarktes, häufige Wechsel des Arbeitsplatzes als einen autonomen Gestaltungsprozess schmackhaft zu machen. Ob dies von den Adressaten als glaubwürdig empfunden wird, sei das Kriterium, um über die Angemessenheit der neuen Adressierung zu urteilen, zu evaluieren. (HONNETH 2004:66) In jedem Fall aber dürfe sich Anerkennung nicht nur in bloßen Worten und symbolischen Äußerungen erschöpfen. Daraus folgt: „Rechtsbestimmungen müssen sich ändern, andere Formen der politischen Repräsentation müssen etabliert werden, materielle Umverteilungen müssen vorgenommen werden, wenn neue Weisen der generalisierten Anerkennung gesellschaftlich durchgesetzt worden sind." (HONNETH 2004:66) Somit fußt die Glaubwürdigkeit sozialer Anerkennung auf zwei Komponenten, einer »evaluativen« und einer »materiellen«. (HONNETH 2004:66) Da die materielle Komponente *a priori* in diesem Fall wenig Berücksichtigung auf dem Arbeitsmarkt findet, kann in Hinblick auf das Beispiel der »Arbeitskraftunternehmer« abgeleitet werden, dass der irrationale Kern der Anerkennung aus einem Widerspruch zwischen Evaluativem und Materiellem hervorgeht. Schließlich untergräbt die materielle Dimension die Glaubwürdigkeit evaluativer Messgrößen. Ebendieser Widerspruch kennzeichnet nach Honneth Ideologien der Anerkennung. Er verweist jedoch darauf, dass das Vermögen mittels dieser Praxis zu beurteilen, eingeschränkt sein könne, da eine Diskrepanz zwischen Evaluativem und Materiellem auch dem Faktor Zeit unterworfen sei. Sprich, ein aktuell bestehendes Defizit bezüglich Materiellem kann seinen Ursprung in einem noch nicht vollzogenen Wandel besitzen. (HONNETH 2004:68) Dies wiederum weist Ähnlichkeit mit dem (expressiven) Wahrhaftigkeitsanspruch nach Habermas auf.

(HABERMAS 1996:61 ff. in: ISER & STRECKER 2010:76) Kurzum, ob ein Akteur das in die Tat umzusetzen versucht, was er behauptet, kann nur die Zukunft zeigen.

6.5. Fragen- bzw. Kriterienkatalog zur Bewertung des Multikulturalismus-Diskurses

In Anlehnung an die Beiträge von Habermas, Taylor und Honneth sowie Mitteln der Kritischen Diskursanalyse nach Fairclough, Wodak und van Dijk wird ein Fragenkatalog erstellt. In der darauf basierenden Analyse wird auf die Nummerierung verwiesen werden.

Nr.	Frage bzw. Kriterium	Theoretische Grundlage
1	Besteht die Intention möglichst alle an der Öffentlichkeit zu beteiligt?	Habermas
2	Gibt es institutionelle Formen der Einflussnahme auf die Integrationspolitik?	Habermas
3	Besteht die Intention relevanter Organisationen, sich intern zu demokratisiert?	Habermas
4	Halten Geltungsansprüche relevanter Akteure in Anlehnung an Habermas Kriterien der (propositionalen) Wahrheit, (normativen) Richtigkeit und (expressiven) Wahrhaftigkeit stand?	Habermas
5	Werden bestimmte Subjekte vom Diskurs ausgeschlossen?	Habermas / Fairclough
6	Finden Auseinandersetzungen dialogisch, nicht monologisch, statt?	Habermas / Taylor
7	Kann jeweils gegebenes kommunikatives Handeln in die Kategorien teleologisch, normreguliert oder dramaturgisch nach Habermas eingeordnet werden?	Habermas
8	Wird Integration verordnet oder treten Ausländer als selbstbestimmte Gestalter ihrer auf bzw. kann von Authentizität ausgegangen werden?	Habermas / Taylor
9	Verweigern sich bestimmte Diskursteilnehmer der Findung eines Konsens?	Habermas

10	Erfolgt die Auseinandersetzung von Organisationen oder Akteuren mit Ausländern mittels willkürlicher Bestrafung und Belohnung oder mittels plausibler Begründung von Maßnahmen?	Habermas
11	Weisen veranlassende Annahmen eine im Rahmen von (Alltags)rassismus oder Sexismus charakteristische Figur auf oder beschädigen das Selbstbild bestimmter Gruppen?	Taylor / van Dijk / Honneth
12	Ist der Diskurs von pragmatischer Auseinandersetzung miteinander bestimmt oder wird er von empirischen Faktoren wie Geld und Macht überschattet?	Habermas
13	Handelt es sich bei einem bestimmten Moment um Liberalismus 1 oder um Liberalismus 2?	Taylor
14	Erfährt kulturelle Selbsterhaltung von Deutschen auch Beachtung?	Taylor
15	Besteht ein Zwang dazu, einen Wert in einer anderen Kultur zu finden?	Taylor
16	Besteht ein Rechtsanspruch auf Anerkennung?	Taylor
17	Besteht im Rahmen von Anerkennung eine Diskrepanz zwischen evaluativen Versprechen und materieller Erfüllung bzw. erschöpft sich ein Akt der Anerkennung nur in Worten?	Honneth
18	Ist die Funktion der Wertschätzung glaubwürdig?	Honneth
19	Erscheint das Anstreben eines anderen Zustandes (der Integration) überhaupt sinnvoll?	Honneth
20	Sofern kein positiver Effekt im Rahmen der Anerkennung sichtbar ist, ist es möglich, dass er lediglich noch aussteht?	Honneth

7. Erste Analyse: Das Werk Deutschland schafft sich ab – Wie wir unser Land aufs Spiel setzen (2010) von Thilo Sarrazin

Vor dem Hintergrund, dass Sarrazin in seinem Werk *Deutschland schafft sich ab* (2010) einleitend seinen subjektiven Charakter betont, stellt eine Analyse nach objektiveren Kriterien vor eine Herausforderung. Sein Stil ist verwickelt und gemessen an Standards wissenschaftlichen Arbeitens geht er nicht selten unsorgfältig vor. Sarrazin wechselt sprunghaft von mehr oder weniger sachlichen Kontexten zu alltagsweltlichen Erfahrungsberichten oder verliert sich im Trivialen über Personen des öffentlichen Lebens. Es ist deshalb oft nicht klar, welches Gewicht er einer Aussage selbst beimisst, so dass umso unklarer ist, welches Interesse man ihr schenken sollte. Kurz gesagt, sein Werk kann nur mit erheblichen Abstrichen als wissenschaftliche Arbeit verstanden werden, obwohl es aufgrund von Verweisen auf Studien und entsprechender Zitation daran erinnert. Streng genommen ist es keine. Hinsichtlich politischer Rhetorik schöpft Sarrazin aus dem Vollen, was es unmöglich macht linguistische Phänomene und Kriterien des Fragekatalogs zu trennen und sich in verworrenen Argumentationsketten seinerseits niederschlägt. Der Eindruck von Intransparenz beim Lesen der Analyse ist Folge dieses Umstandes. Allgemeine politische Forderungen Sarrazins *in puncto* Hartz IV, Mindestlöhnen etc. werden ausgeklammert, weil sie keinen unmittelbaren Bezug zum Schwerpunkt dieser Studie haben und demnach zu keinen entscheidenden Einblicken verhelfen dürften. Um das Werk inhaltlich zu durchleuchten, wird sich stattdessen einer Auswahl auffälliger Momente zugewandt.

Zwei logische Stränge, die Sarrazin sowohl wissenschaftlich als auch historisch zu unterfüttern versucht, können in dem Werk ausgemacht werden: Zum einen ist der Strang in Bezug auf ‚Intelligenz' zu nennen, zum anderen der Verweis auf die Darwins Evolutionstheorie. Sarrazin stellt dem Intelligenzbegriff Statistiken über den kulturellen Hintergrund von Transferleistungsempfängern voran, was den Ausgangspunkt für weitere Thesen darstellt. Es kann vorweggenommen werden, dass Sarrazins Ausführungen über Intelligenz von der Ambition, auf Mängel hinzuweisen, getragen wird. Mangel ist auch von zentraler Bedeutung in Darwins Metaphorik in *On the Origin of Species by Means of Natural Selection, or the Preservation of Favoured Races in the Struggle for Life* (1859), welche Darwin noch zu Lebzeiten in *The Descent of Man, and Selection in Relation to Sex* (1871) selbst in Teilen zu entkräften suchte. Sarrazin hält hingegen an ihr fest.

7.1. Kontextuelle Einbettung von Sarrazins Intelligenzbegriff

‚Intelligenz' kann als einer der Leitbegriffe Sarrazins verstanden werden, wobei er ihn im Zuge einer langen und verzweigten Argumentationskette konstruiert. Vor einer konkreteren, inhaltlichen Analyse des Intelligenzbegriffs unter Zuhilfenahme anderer Quellen ist bedeutsam, wie Sarrazin ihn einbettet. Es handelt sich um einen volkswirtschaftlichen Kontext. Er weist auf einen Zusammenhang von Bildungserfolg und Erfolgen auf dem Arbeitsmarkt hin, was wiederum ausschlaggebend für die Inanspruchnahme von Transferleistungen sei. Er schreibt: „Von Transferleistungen leben in Deutschland:

    8 Prozent der Einheimischen
    9 Prozent der Migranten aus EU 24
    10 Prozent der Migranten aus Südeuropa
    12 Prozent Aussiedler
    13 Prozent der Migranten aus dem Fernen Osten
    16 Prozent der aus der Türkei stammenden Migranten
    18 Prozent der Migranten aus dem ehemaligen Jugoslawien
    24 der Migranten aus afrikanischen Ländern." (SARRAZIN 2010:63)

Man könnte vermuten, die aufgeführten Prozentwerte bezögen sich auf alle Transferleistungsempfänger in Deutschland. Das ist nicht der Fall. Sie beziehen sich auf die ethnischen Gruppen selbst und stehen deshalb untereinander in keiner Relation. Ihre Anordnung ist demnach beliebig und suggeriert Migranten aus der Türkei, dem ehemaligen Jugoslawien und afrikanischen Ländern stellten die meisten Mitglieder, worin im weiteren Verlauf des Werks die Ursache für einen Niedergang Deutschlands gesehen wird. Welcher Quelle Sarrazin die o.g. Prozentwerte entnommen hat, ist nicht klar nachzuvollziehen. Es wird davon ausgegangen, dass sie der kurz zuvor auf Seite 61 aufgeführten Tabelle 3.1 in Anlehnung an das *Berlin-Institut für Bevölkerungsentwicklung* auf dem Stand von 2009 entspringen, obwohl dort von EU 25 die Rede ist, nicht von EU 24.
Ob es sinnvoll ist diesen Datensatz als Ausgangspunkt für weitere Schlussfolgerungen zu wählen, gilt es zu klären. Anhand ihm wird ermittelt, welche Gruppen auf Basis der dazugehörigen Prozentwerte numerisch die meisten Mitglieder stellen. Das Ergebnis wird im Anschluss mit Sarrazins Prämissen ‚Intelligenz hängt von Faulheit oder Fleiß ab' und ‚Menschen, die nicht intelligent sind, beziehen Transferleistungen' in Verbindung gesetzt. In

ihnen sieht Sarrazin die entscheidenden Faktoren für einen Niedergang Deutschlands, klammert man weitere seiner Überlegungen zu Genetik und Kultur aus. (vgl. SARRAZIN 2010:9, 12, 32, 58, 151, 187, 196, 201, 203ff. u.s.w.) In der letzten Spalte wird die Anzahl der Individuen, die Transferleistungen beziehen nach Gruppe gerankt.

Gruppe	Anzahl (insgesamt)	Faktor (gem. Sarrazins Berechnungen)	Anzahl der Individuen, die Transferleistungen beziehen (nach Gruppe)	Ranking (Anzahl der Transferleistungen beziehenden Individuen)
Einheimische	67682000	0,08	5414560	1
Migranten aus EU 24 bzw. EU 25	1907000	0,09	171630	5
Migranten aus Südeuropa	1527000	0,1	152700	6
Aussiedler	3962000	0,12	475440	2
Migranten aus dem Fernen Osten	734000	0,13	95420	8
Migranten aus der Türkei	2812000	0,16	449920	3
Migranten aus dem ehem. Jugoslawien	1146000	0,18	206280	4
Migranten aus afrikanischen Ländern	502000	0,24	120480	7

Vorweg festzuhalten gilt, dass Menschen nicht ausschließlich ‚faul' oder ‚fleißig' sind. Absolute Kategorien wie diese sind realitätsfern. Hält man sich dennoch an Sarrazins Duktus, demzufolge ‚Intelligenz' von ‚Faulheit' oder ‚Fleiß' abhängt und dies wiederum entscheidend dafür wäre, ob man Transferleistungen bezieht oder nicht, könnte man versucht sein, Folgendes herleiten: Die ‚Faulheit' der numerisch zahlreichsten, einheimischen Transferleistungsempfänger hat auf die Aussiedler unter Transferleistungsempfängern übergegriffen, welche wiederum Transferleistungsempfänger mit Migrationshintergrund aus der Türkei erfasste. Transferleistungsbezieher mit Migrationshintergrund aus dem Fernen Osten, afrikanischen Ländern und Südeuropa konnten sich der grassierenden ‚Faulheit' bislang am besten entziehen. Deshalb sind Transferleistungsempfänger aus dem Fernen Osten, afrikanischen Ländern und Südeuropa die fleißigsten und intelligentesten. – Dieser Befund ufert geradezu ins Gegenteil von dem aus, was Sarrazin nahelegt, wird hier nicht ernsthaft vertreten und verdeutlicht im Grunde nur eines: Statistiken sagen an sich nichts aus, außer man versetzt sie mit einer subjektiven Logik. Sarrazins Logik führt ihn bis zu Begrifflichkeiten wie „Hierarchiestufe[n] des Könnens". (SARRAZIN 2010:187) Da Sarrazin die Gruppe der Migranten aus dem ehemaligen Jugoslawien im Verlauf des Buches aus dem Blickfeld verliert, heißt das konkret, dass er insgesamt 570.400 Transferleistungsbezieher aus der Türkei und afrikanischen Ländern für einen angeblich anstehenden Ruin Deutschlands verantwortlich macht. Die Vorstellung, eine kleine Gruppe wie diese könne dies bewerkstelligen, erscheint bereits unrealistisch, und die Sinnhaftigkeit von Sarrazins Thesen ist bereits in ihren Ansätzen fraglich. In der Folge liegt es nahe, davon auszugehen, dass Sarrazin andere Intentionen besitzt als die, die er vorgibt. Möglich ist, dass er entsprechend *Kriterium 5* Migranten aus der Türkei und afrikanischen Ländern vom Diskurs auszuschließen versucht. Unter der Voraussetzung, dass dem so ist, wird *Kriterium 11*, welches Alltagsrassismus betrifft, auch erfüllt. Schließlich legt Sarrazin mittels der Pronomen *wir* und *unser* im Titel sowie einem historischen Abriss über Deutsche in der Einleitung *unsere* Werte und Absichten (Fleiß, hohe Produktivität etc.) dar (SARRAZIN 2010:7-22), klammert derweil aber Nicht-Weiße – sei es bewusst oder unbewusst – aus. Offensichtlich ist aber zweifellos, dass der Vorwurf ‚faul' zu sein, das Selbstbild der thematisierten Subjekte beschädigt.

7.2. Sarrazins Intelligenzbegriff

Ausgangspunkt für die Analyse des Begriffs sind eine Reihe von Studien, anhand derer er einen Niedergang von Intelligenz in Deutschland zu belegen versucht. Zuerst gewährt sich ein Einblick in seine Auffassungen als er allgemeine Rückschlüsse von Wohlstand auf Intelligenzquotienten anhand einer Studie im Kontext der Rekrutierung der Bundeswehr in Schwaben und der Uckermark zieht. (EBENRETT et. al. 2002:25-31) Laut Sarrazin hätten die in Schwaben lebenden Menschen aufgrund höheren ‚Wohlstandes' und damit einhergehender Zuwanderung, einen durchschnittlich höheren Intelligenzquotienten ausbilden können als Menschen in der Uckermark. (SARRAZIN 2010:24) Das Gütekriterium Validität erweist sich hinsichtlich des der Studie zu Grunde liegenden Tests aber als problematisch angesichts Sarrazins darauf aufbauender Schlussfolgerung. Hauptaugenmerk in der Studie lag auf dem Prüfungsmerkmal ‚Arbeitslosigkeit', nicht auf ‚Wohlstand', selbst wenn eine positive Korrelationen der beiden Merkmale nahe liegt und ökonomische Rahmenbedingungen in der Studie berechtigterweise als mögliche Ursache für Disparitäten in Betracht gezogen werden. (EBENRETT et. al. 2002) (GANS in: GEBHARDT et. al. 2007:782-783) (RAMONET 1996:1) Zudem – und das ist gravierender – waren die Testteilnehmer nicht einfach nur „Menschen" (SARRAZIN 2010:24) (CRUSE 2004:148), die in Schwaben oder der Uckermark leben, sondern ausschließlich männliche Menschen im Altersspektrum von 18 bis

22 Jahren, die in Schwaben oder der Uckermark leben und „im Rahmen ihrer Musterung die psychologische Eignungsuntersuchung bei den 83 Kreiswehrersatzämtern durchlaufen haben". (EBENRETT et. al. 2002) Sie sind also keine repräsentative Population in Hinblick auf Sarrazins Schlussfolgerungen über *in Schwaben und der Uckermark lebende Menschen* und stützen seine These entsprechend wenig. *Kriterium 4* ist davon berührt, weil der performative Widerspruch des Bezuges auf eine Männerdomäne wie die Bundeswehr mit Zuordnung in die umfänglichere Kategorie *Mensch* auf einen Bruch mit (propositionaler) Wahrheit hindeutet. Ob *Kriterium 11* außerdem erfüllt ist, da nicht nur Männer *Menschen* sind, kann einerseits verneint, andererseits bejaht werden. Andere Studien, auf die Sarrazin sich bezieht, weisen Testteilnehmerinnen auf. Ihn beschäftigt in späteren Kapiteln allerdings die Stellung von Frauen im Islam, was ihn mit Blick auf dessen Vielschichtigkeit zu recht pauschalen Urteilen verleitet. Darunter fällt, dass Muslima sich mit dem Tragen von Kopftüchern von „»Ungläubigen« auch [immer] optisch abgrenzen" (SARRAZIN 2010:299) wollten. Woher er das wissen sollte, ist undurchschaubar. Gemäß *Kriterium 8* argumentiert er monologisch.

Sarrazin setzt nach der Auseinandersetzung mit der Studie über Bundeswehrrekruten Kurs auf eine Verfallsthese *in puncto* Intelligenz, was den Mangel ihrer impliziert. Dies tut er anhand der Auseinandersetzung mit einer Langzeitstudie der BASF. (SARRAZIN 2010:69f.) Auf Grundlage eines immer gleich bleibenden Tests im Rahmen der Bewerbungen von Haupt- und Realschülern um Ausbildungsplätze im Unternehmen, ist ein kontinuierlicher Abfall in sowohl Sprach- als auch Rechenleistungen seit 1975 zu verzeichnen. (BASF AG 2008:1-4) Allerdings ist das Gütekriterium Objektivität nicht erfüllt. Entsprechend *Kriterium 1* kann der Prozess der Wahrheitsfindung nicht als inklusiv bezeichnet werden. Will heißen: Die BASF AG gewährt nur den Blickwinkel der Arbeitgeberseite, nicht die von Arbeitnehmern, Gewerkschaften etc.. Laut Pütz, Generalsekretär des Bundesinstituts für Berufsbildung (BIBB), seien Mängel bzgl. der Ausbildungsreife in Zeiten des Unterangebotes von Lehrstellen von Unternehmen bereits öfter beanstandet worden, „um nicht alleine auf der Sünderbank Platz nehmen zu müssen". (PÜTZ 2003:6) Nordhaus bezieht eine ähnliche Position, bezieht sich aber auf das Gütekriterium Reliabilität, wenn er darauf verweist, dass in Zeiten der Lehrstellenknappheit eine Veränderungen in der Bewerberpopulation auftrete, weil sich dann auch vermehrt Leistungsschwache bewerben würden. (NORDHAUS 1997:41-42 in: DROSAL; PARAMENTIER.; SCHOBER 1997) Ferner gibt der Deutsche Gewerkschaftsbund an, das Bewerberprofil habe sich in den letzten 15 Jahren verändert. Jugendliche hätten mittlerweile beispielsweise bessere Englisch- und IT-Kenntnisse vorzuweisen. (DEUTSCHER GEWERKSCHAFTSBUND 2006:6-7) Sarrazins Argument zur Untermauerung der Ergebnisse der BASF-Studie und der damit einhergehende Versuch einer Ausweitung ihrer Validität ist demgegenüber nicht überzeugend. Er schreibt: „Es spricht viel dafür, die Ergebnisse dieser Langzeitstudie als repräsentativ für ganz Deutschland anzusehen, denn sie bestätigen die Erfahrungen zahlreicher Lehrer." (SARRAZIN 2010:70) Wie viele und welche Lehrer mit dem Token *zahlreicher* bezeichnet werden und in welcher Relation sie sich zu der Population aller Lehrern befinden, kann nicht gesagt werden. Wie schon im Kontext der Studie der Bundeswehr drängt sich der Eindruck auf, dass er ohne eine notwendige Grundlage die Validität von Ergebnissen auch im Fall dieser Studie überbewertet. Abermals und in ähnlicher Art und Weise ist das *Kriterium 4* davon berührt. Auch *Kriterium 6* ist betroffen, weil die Einschätzungen der Arbeitgeberseite alleine etwas Monologisches inne haben. Ob dies ein Indiz für die Bejahung von *Kriterium 12* mit sich führt, kann nicht eindeutig beantwortet werden. Letzten Endes verkörpert die Arbeitgeberseite auch Geld und Macht, aber ob sie einen Einfluss darauf besitzt, wie Sarrazin argumentativ vorgeht – es würde für eine Verflechtung von Politik und Wirtschaft sprechen – kann nicht zuverlässig beantwortet werden.

Aufgrund der vorherigen Unverhältnismäßigkeiten und logischen Brüche steht Sarrazins Verfallsthese an diesem Punkt bereits empirisch auf tönernen Füßen. Mit der Thematisierung von Pisa-Ergebnissen aus dem Jahr 2006 versucht er ihnen aber zu Nachdruck zu verhelfen. Zu diesem Zweck bedient er sich in auffälliger Weise intensivierender Worte und Heckenausdrücken. (CRUSE 2004:47) (O'KEEFFE 2006:7) Der Schwerpunkt der Pisa-Studie lag auf Naturwissenschaften. Prinzipiell heißt es darin: „Die Schülerinnen und Schüler in Deutschland erreichen 516 Punkte und liegen damit signifikant über dem OECD-Durchschnitt. [...] Sie bringen sehr gute Voraussetzungen für Berufe und Studiengänge mit, die naturwissenschaftliches Verständnis voraussetzen." (PISA-KONSORTIUM DEUTSCHLAND 2006:5) Sarrazin beschäftigt jedoch, dass die Schülerinnen und Schüler in anderen Ländern höhere Ergebnisse erzielten, was erneut Mangel impliziert. Sein Interesse gilt folgendem Umstand: „Neben Finnland erreicht eine kleine Gruppe weiterer OECD-Staaten höhere Punktwerte als Deutschland, nämlich Kanada (534 Punkte), Japan (531 Punkte), Neuseeland (530 Punkte), Australien (527 Punkte) und die Niederlande (525 Punkte) sowie – nicht signifikant – Korea (522 Punkte)." (PISA-KONSORTIUM DEUTSCHLAND 2006:5) Damit zu Sarrazins Wortwahl: Für Sarrazin sind einige Pisa-Ergebnisse von 2006 „höchst beunruhigend". (SARRAZIN 2010:72) Nicht nur, dass sie *beunruhigend* sind, durch den Token *höchst* wird ein emotionaler Gehalt von gesteigerter Bedeutung suggeriert. Wie das oben aufgeführte Zitat aus der Studie veranschaulicht, birgt die Studie diesen aber nicht. Man könnte annehmen, es handele sich dabei nur um eine etwas verunglückte Wortwahl Sarrazins, nicht um ein strategisches Moment. Im selben Kontext werden allerdings neben Vergleichen auffällig viele intensivierende Wörter oder Heckenausdrücke verwendet. Im folgenden Zitat wurden intensivierende Token unterstrichen, Heckenausdrücke kursiv dargestellt:

> „Es ist also <u>höchst</u> beunruhigend, dass 20 Prozent der Jugendlichen in Deutschland unter Kompetenzstufe II liegen und 7 Prozent nicht einmal Kompetenzstufe I erreichen. Das ist nicht *nur minimal* besser als der OECD-Durchschnitt von 21 Prozent, liegt aber <u>weit</u> unter dem Niveau der Pisa-Spitzenländer. [...] *Lediglich* 4,5 Prozent der Jugendlichen erreichen die Kompetenzstufe IV, das ist zwar *etwas* besser als der OECD-Durchschnitt von 3,3 Prozent, aber <u>weit</u> von den Pisa-Spitzenländern entfernt." (SARRAZIN 2010:72, bearbeitet)

Auffallend ist, dass überdurchschnittliche Ergebnisse deutscher Schülerinnen und Schüler in der Studie von Sarrazin durch *nur, minimal, Lediglich* und *etwas* in ihrer Direktheit abgemildert werden. Defizitäres wird von ihm hingegen mit *höchst* oder Konstruktionen in Verbindung mit *weit* intensiviert. Sarrazins verborgene Motive mögen weiterhin sein Geheimnis bleiben, man ist aber versucht, wieder eine gezielte Suche nach Mängeln in seinen Ausführungen zu entdecken.

Sicher kann eine Argumentationskette im Sinne von *Kriterum 4* als widersinnig identifiziert werden, vergleicht man Ergebnisse der Studien, auf die sich Sarrazin selbst bezieht miteinander. In der BASF-Studie, wurden potenzielle Ursachen für die Leistungsabfälle in Sprach- und Rechenleistungen benannt. Im Gebrauch von Taschenrechnern sowie stark vernachlässigte Leseaktivität durch audio-visuelle Medien wurde u.a. eine Ursache für Leistungsabfälle vermutet. (BASF AG 2008:3 in: SARRAZIN 2010:70) Gemäß der Pisa-Studien von 2003 und 2006 nutzten Jugendliche in allen ‚naturwissenschaftlichen Spitzenländern' außer Japan Computer aber regelmäßiger häuslich und schulisch als in Deutschland. (PISA-KONSORTIUM DEUTSCHLAND 2006:17) Da Computer audio-visuelle Medien sind, und man mit ihnen rechnet, sieht man sich mit einem logischen Bruch konfrontiert, ungeachtet dessen, was man daraus herleiten mag. Weil Sarrazin beide Studien kennt, hätte ihm dies auffallen müssen. Das Festhalten an einer Verfallsthese auf Grundlage der beiden Studien ist infolgedessen nur möglich, blendet man bestimmte Ergebnisse gezielt aus. Da sich das Moment des Ausblendens bestimmter Argumente oder Standpunkte häuft, liegt die Vermutung nahe, dass es Sarrazin im Zuge seiner Beweisführung kaum um das Erlangen von Erkenntnissen oder das beste Argument gehen kann. Man kann teleologisches, respektive strategisches, Vorgehen gemäß *Kriterium 7* ausmachen. Alle bislang vorgebrachten Argumente Sarrazins orientieren sich an (angeblichen) Interessen oder Bedürfnissen sozio-ökonomisch besser gestellter Gruppen (bspw. weiße Deutsche, gebildete und/oder solvente Klientels, Großunternehmen etc.). Dem gegenüber erfüllen sozio-ökonomisch schlechter gestellte Gruppen (farbige Migranten, Transferleistungsempfänger, Menschen ohne Schulabschluss etc.) nicht diese Erwartungen der besser gestellten Gruppen, welchen – so suggeriert Sarrazin zumindest – hauptsächlich an Nützlichkeit von und Wertschöpfung durch ‚Intelligenz' gelegen sei. Der Verdacht, dass Sarrazin strategisch vorgeht erhärtet sich an späterer Stelle, wenn er Defizite vorwiegend einer Gruppe zuschreibt: „Im Kern ist das deutsche Bildungsproblem vor allem auch ein Problem der muslimischen Migranten." (SARRAZIN 2010:235) Der Pisa-Studie von 2006 zufolge werden jedoch andere Faktoren als die der Weltanschauung in Hinblick auf vorliegende Ergebnisse betont. Es heißt:

> „Jugendliche mit Migrationshintergrund, die in sozial bessergestellten Familien aufwachsen und zu Hause die Sprache des Einwanderungslandes sprechen, verfügen in vielen Staaten über ähnlich hohe oder kaum geringere Kompetenzen wie Jugendliche ohne Migrationshintergrund." (PISA-KONSORTIUM DEUTSCHLAND 2006:20)

Es heißt in Bezug auf soziale Herkunft und Kompetenz auch:

> „Zusammenfassend lässt sich die Ausprägung der sozialen Disparitäten in den Kompetenzen und in der Bildungsbeteiligung bei Fünfzehnjährigen in Deutschland immer noch als hoch bezeichnen, wenn man sie mit der Situation in anderen OECD-Staaten vergleicht. Dennoch zeigt der Vergleich der Kennwerte in Deutschland zwischen PISA 2000 und 2006, dass sich langfristig die sozialen Disparitäten abschwächen können. Um diesen Prozess fortzusetzen, werden weitere Anstrengungen zur Förderung insbesondere kompetenzschwacher

Jugendlicher zu unternehmen sein." (PISA-KONSORTIUM DEUTSCHLAND 2006:18-19)

Folglich ist ein positiver Trend vorhanden, der mit Maßnahmen zur Förderung sozioökonomisch schlechter gestellter Gruppen in Verbindung gebracht wird. Da Sarrazin an anderer Stelle schreibt, dass er nachdem er sich mit den Pisa-Ergebnissen von 2003 und 2006 sowie Statistiken des Kultusministeriums beschäftigt habe, gegen „Forderungen nach mehr Geld für Bildung und mehr Lehrkräften für Schulen" in den „politischen Kampf" gezogen sei (SARRAZIN 2010:74), muss er die Empfehlungen der Verantwortlichen für die Pisa-Studie grundlegend missverstanden oder bewusst umgedeutet haben. Die Vielzahl der Widersprüche gemäß *Kriterium 4* und die immer wieder feststellbare Zielgerichtetheit von Sarrazins Argumentation, bekräftigt in der Annahme, dass *Kriterium 7* bejaht werden kann. Sarrazin stellt wirtschaftlichen Erfolg Anderweitigem voran. Es geht ihm nicht um Erkenntnisse oder das beste Argument.

Was Sarrazin unter ‚Intelligenz' versteht, bleibt weiterhin unstimmig und kann letzten Endes nur hergeleitet werden. Am anschaulichsten widmet er sich den Begriff wohl im Rahmen einer taxonomischen Anordnung, die auf einem von ihm angenommenen Innovationspotenzial wissenschaftlich-technischen Fortschritts gründet. Naturwissenschaftler, so Sarrazin, respektive Mathematiker, seien am ‚innovativsten', weil sie uneingeschränkten Zugang zu Sprache und Kunst besäßen. Nicht-Naturwissenschaftler (Volkswirte, Juristen, Politologen, Germanisten etc.) trügen zwar zum allgemeinen Bildungsniveau bei, besäßen aber keinen Zugang zu Naturwissenschaften und verharrten deshalb auf wissenschaftlich-technisch gleich bleibendem Niveau. Sie trügen somit nichts zum Fortschritt bei. In gesteigertem Maße träfe dies für Künstler zu. (SARRAZIN 2010:56-57)

Dem Leser wird die allgemeine Gültigkeit dieser Begriffsbestimmung suggeriert. Tatsächlich ist Intelligenz aber nicht absolut definiert, was seine Gründe hat. Sarrazins Auslegung von Intelligenz scheint – er verweist nicht auf ihn – tendenziell an Spearman angelehnt zu sein. Spearman ging im Hinblick auf Intelligenztests davon aus, dass Intelligenz ein Phänomen ist, das sich in allen Bereichen der menschlichen Leistung ablesen ließe. Sprich, jemand, der ein hohes mathematisches Verständnis besitzt, müsste auch verbal überdurchschnittlich gute Leistungen erbringen. Diese Generalisation wird auch als g-Faktor (Generalfaktor) bezeichnet. (OERTER/MONTADA 2002:235) Dem gegenüber unterteilte Thurstone in 7 Teilgebiete von Intelligenz (Primary Mental Abilities): Sprachverständnis, Wortflüssigkeit, Merkfähigkeit, schlussfolgerndes Denken, Rechenfertigkeit, räumliche Vorstellungsvermögen und Wahrnehmungstempo. (nach HELLER 2000:33-36) Die Auffassung davon, was Intelligenz ist und wie man sie in der Folge misst, hängt also von erhebungsbezogenen Zielsetzungen ab. Keine der beiden Positionen genießt den Status absoluter Gültigkeit. Über den Aufbau von Intelligenz bestehen zudem noch weitere, verschiedene Theorien. (HÄCKER; STAMPF 2004:447) Die Annahme, dass jemand, der ein hohes mathematisches Verständnis besitzt, auch verbal überdurchschnittlich gute Leistungen erbringen müsste, weil Intelligenz ein Phänomen ist, das sich in allen Bereichen der menschlichen Leistung ablesen lässt, impliziert formal indes nicht, dass es zwangsläufig so ist und fernerhin nur mathematisches Verständnis relevant wäre. (CRUSE 2004:27-28) Die Wahl eines beliebigen Studiengangs oder der Abschluss in einer beliebigen akademischen Disziplin ist außerdem nicht untrennbar an persönliche Begabungen geknüpft, zumal Sarrazin an anderer Stelle auf entwicklungspsychologische Studien verweist, die zumindest Elemente der o.g. Teilgebiete nach Thurstone aufweisen. (SARRAZIN 2010:42) Kurzum, Sarrazins Verwendung des Begriffs ‚Intelligenz' ist nicht nur widersprüchlich sondern auch willkürlich. Betroffen sind erneut die *Kriterien 4* und *7*. *Kriterium 10* und *11* wären nur dann erfüllt, wenn die willkürliche Herabsetzung aller Nicht-Naturwissenschaftler ausschließlich ausländische Studenten oder Akademiker beträfe. Bis auf Weiteres ist dem aber nicht so.

An Gewicht gewinnt eine der Studien mit Elementen von Thurstones Theorie über Intelligenz in Hinblick auf Sarrazins Zukunftsprojektion für das Jahr 2050. Der Fokus der Studie lag auf der Intelligenzentwicklung mit steigendem Lebensalter, um beurteilen zu können, inwieweit ältere Arbeitnehmerinnen und Arbeitnehmer Anforderungen im Berufsleben gewachsen sind. (LEHR in: SARRAZIN 2010:42) Die Ergebnisse der Studie sind in diesem Kontext nicht von Bedeutung. Von Bedeutung ist, dass es sich um eine Längsschnittstudie handelt. Längsschnittstudien untersuchen eine Kohorte über einen längeren Zeitraum, nicht mehrere zum gleichen Zeitpunkt, wie im Fall einer Querschnittsstudie. (OERTER/MONTADA 2002:11) Ungeachtet dessen, was Sarrazin in Bezug auf die Studie also folgert, die untersuchte Kohorte, welche sich zur Zeit im höheren Alter befindet, ist nicht die selbe wie die, die von Sarrazins Zukunftsszenarien betroffen wären. Sie wird im Jahr 2050 sehr wahrscheinlich keiner Erwerbsarbeit mehr nachgehen oder sogar verstorben sein. Die Kohorten, die betroffen wären, sind anderen Einflüssen (bspw. längeren Ausbildungszeiten und veränderten Ernährungsgewohnheiten) ausgesetzt. Sarrazins Ausblick *in puncto* Intelligenzentwicklung im Jahr 2050 ist dementsprechend dürftig gesichert. Nichtsdestotrotz wäre es falsch *Kriterium 4* im Sinne eines Bruches mit expressiver Wahrhaftigkeit zu sprechen. Schließlich stehen die Begebenheiten im Jahr 2050 aus, ganz gleich für wie wahrscheinlich man es hält, dass Sarrazins Ausblick die Realität im Jahr 2050 abbilden. Wie eine pragmatische Auseinandersetzung mit einem nunmehr folgenden Zitat Sarrazins zeigen wird, ist erneut nicht auszuschließen, dass es ihm darauf auch nicht ankommt, ob die Dinge kommen werden, wie sie kommen könnten. Dem Zitat geht die Projektion für Deutschland auf Basis von drei Ist-Zahlen aus dem Jahr 2005 voraus: Geburtenziffer, Migrationssaldo und Produktivität. Sarrazin entwirft mittels ihrer zwei Varianten auf Grundlage eher undurchschaubarer Vorüberlegungen. (SARRAZIN 2010:45-50) Er grenzt ein:

> „Wir wissen auch nicht, welche Folgen der Klimawandel auf das langfristige Wachstum der Weltwirtschaft haben wird oder wie sich künftige disruptive Entwicklungen in Afrika und im islamischen Raum auswirken werden." (SARRAZIN 2010:47, bearbeitet)

Durch das Pronomen *Wir* wird ein inklusives bzw. exklusives Moment suggeriert. (FAIRCLOUGH 1995:181) Der Trigger *wissen* verbindet dieses mit einer Voraussetzung, die eine kollektive, respektive objektive, Wahrheit vorgibt. (CRUSE 2004:21-22) (HUANG 2007:64) Anhand der darauf folgenden Phrase *künftige disruptive Entwicklungen in Afrika und im islamischen Raum* wird vorausgesetzt, dass es diese dort geben wird, und das ist somit die formale Logik betreffend wahr (+). Der Token *disruptiv* ist eine subjektive Wertung Sarrazins, aber formal ebenso wahr (+). Da tatsächlich niemand weiß, was in der Zukunft an welchem Ort passieren wird, das von irgendeiner Bedeutung für *uns* sein könnte, handelt es sich um eine suggestive Konstruktion Sarrazins, die *Afrika* und den *islamischen Raum* im Sinne eines mit negativen Eigenschaften verbundenen Momentes von *uns* abgrenzt. Sarrazins Aussagesatz birgt aber noch ein weiteres pragmatisch und ideologisch interessantes Moment bezüglich einer zuvor als möglich erachteten Verflechtung von Wirtschaft und Politik. Nimmt man ihn zur Grundlage, ist es mit falsch (-) zu beantworten, fragt man, ob das langfristige Wachstum der Weltwirtschaft Einflüsse auf den Klimawandel haben wird. Stattdessen ist wahr (+), dass der Klimawandel Auswirkungen auf das Wachstum der Weltwirtschaft haben wird. Ob in der Realität nicht beides der Fall ist, sei an dieser Stelle mit an Sicherheit grenzender Wahrscheinlichkeit vorausgesetzt. (PAETH 2007:53f. in: ENDLICHER; GERSTENGARBE 2007:44-55) Sarrazin zieht allerdings eine Grenze zwischen ‚Weltwirtschaft' und ‚Klima', was ideologisch insofern relevant ist, als dass es impliziert,

‚Kultur' und ‚Natur' befänden sich nicht in einem wechselseitigen Verhältnis zueinander, sondern sie existierten abgegrenzt voneinander. (ZIERHOFER in: GEBHARDT et al. 934ff.) *Afrika* und der *islamische Raum* werden pragmatisch als der ‚Natur' zugehörig dargestellt, was den Weg für eine biologistische Figur ebnet. Sarrazin vermengt globale und lokale Phänomene oder abstrakte Räume in einer auf formalen Wahrheitswert basierenden, imaginären Zeitachse, um an anderer Stelle alles zusammen mit ‚Intelligenz' und ‚Wirtschaft' zu verbinden und sozio-ökonomisch schlechter gestellte Gruppen vom Diskurs auszuschließen. Ob Sarrazin deshalb auch nicht zufällig Gefallen an Naturwissenschaften im Sinne eines der ‚Natur' entgegengesetzten, kulturellen Momentes findet, kann an diesem Punkt nicht eindeutig beantwortet werden, es ist aber nicht unwahrscheinlich. Grund zu der Annahme, einer biologistischen Figur werde zu Auftrieb verholfen, liefert indes eine Passage wie folgende:

> „Die Gesellschaft ist sich selbst Objekt und kann durch die Rahmenbedingungen, die sie sich selbst setzt, ihre Gestalt verändern. Wäre dies nicht so, dann wären alle menschlichen Gesellschaften wie die verschiedenen Schimpansenstämme im Urwald immer noch auf demselben Entwicklungsniveau, nämlich dem des afrikanischen Buschs. Alle Untersuchungen zeigen, dass Volkswirtschaften, Gesellschaften und Staaten umso erfolgreicher sind, je fleißiger, gebildeter, unternehmerischer und intelligenter eine Bevölkerung ist."
> (SARRAZIN 2010:34)

Im weiteren Verlauf dieser Studie wird die Beziehung zwischen ‚Intelligenz', ‚Wirtschaft', ‚Produktivität', ‚Ethnie', ‚Innovation', ‚Weltanschauung', ‚Fortschritt' etc. deshalb gesteigertes Interesse erfahren.
Wie dem auch sei, Sarrazins wohl Aufsehen erregendste These, Intelligenz sei zu 50 bis 80 Prozent vererbt (SARRAZIN 2010:70), stieß auf entschiedenen Widerspruch der Lernpsychologin Elsbeth Stern, auf die er sich dahingehend berufen hatte. In einem Interview von Matthias Hof im *Deutschlandfunk* sagte Stern, Sarrazin „habe Sätze von ihr aus dem Zusammenhang gerissen und den wissenschaftlichen Begriff von Intelligenz anscheinend gar nicht verstanden. Eine Aussage wie: "Intelligenz ist zu 50 bis 80 Prozent vererbt", sei wissenschaftlicher Unsinn." (INTERNETAUFTRITT DES DEUTSCHLANDFUNKS, Matthias Hof im Gespräch mit Elsbeth Stern, Beitrag vom 03.09.2010) Wie Sterns Aussage

tatsächlich zu verstehen ist, würde zu weit führen. Grundsätzlich besteht aber Einigkeit darüber, dass die sensumotorische und intellektuelle Entwicklung von Kindern aus sehr unterschiedlichen Kulturen in den ersten beiden Lebensjahren den Stufen der sensumotorischen Entwicklung nach Piaget folgen. Dies gilt auch für spätere Stufen, einschließlich der konkret-logischen Operationen. Sie ist zwischen dem 7. und 11. Lebensjahr zu verorten. Kulturelle Einflüsse, respektive eine jeweils gegebene Entwicklungsnische, können lediglich einen Einfluss darauf haben, wann manche Einzelleitungen einer Entwicklungsstufe erreicht werden. (OERTER/MONTADA 2002:88-89) Klammert man unfreiwillige Segregation und damit verbundene Folgen aus (KNOX & MARSTON 2001:536 f.), kann davon ausgegangen werden, dass Kinder in Deutschland ungeachtet ihrer Migrationsgeschichte vor dem siebten Lebensjahr eingeschult werden und Kindertagesstätten besuchen. Da sie dort auf Altersgenossen mit unterschiedlichen kulturellen Hintergründen treffen, entpuppen sich esoterisch anmutende Begrifflichkeiten wie „kulturell[e] Evolution" (SARRAZIN 2010:24) als sinnentleerte Metaphorik, die angesichts der damit einhergehenden Ambition von „Steuerung" (SARRAZIN 2010:24), welche an Diskussionen über eine ‚deutsche Leitkultur' erinnert, aber ideologisch umso mehr Dominanzgebaren und Kampfhaltung verkörpert. Unterm Strich dürfte sich der Intelligenzbegriff im Rahmen von Integration, Multikulturalismus oder kultureller Vielfalt deshalb wohl kaum als förderlich für ein friedvolles Nebeneinander kultureller Elemente erweisen.

Am Ende der Analyse des Intelligenzbegriffs im Werk Sarrazins ist festzuhalten, dass die *Kriterien 1, 4, 5, 7, 8* und *11* in nicht förderlicher Art und Weise erfüllt werden. Wichtig erscheint, an dieser Stelle zu betonen, dass Sarrazins Verknüpfung von Biologismus und Wirtschaft als rhetorische Figur verstanden werden sollte, die im Kontext seines Werkes von Bedeutung ist, aber keine generelle Gültigkeit besitzt. Es wäre nicht legitim Wirtschaft bzw. Kapitalismus *per se* mit Biologismus, Alltagsrassismus etc. gleichzusetzen, so wie es nicht legitim ist, farbige Migranten und Muslime alleine für vielschichtige Problemlagen in der deutschen Politik verantwortlich zu machen. Damit zum Inhaltlichen: Migranten, insbesondere farbige und solche mit muslimischen Hintergrund, werden in Sarrazins Werk gezielt ausgeschlossen. Ihr Selbstbild wird beschädigt. Nicht nur in Hinblick auf sie, sondern auch in Hinblick auf sozio-ökonomisch schlechter gestellte Gruppen überhaupt besteht keine Intention an Inklusion. Die performativen Widersprüche, in die Sarrazin sich dabei verstrickt, verdichten sich zu einem Gesellschaftsverständnis, in dem Geld und Macht oder bezifferbare Werte Vorrang gegenüber dem Dialogischen besitzen. Somit ist Sarrazins willkürlich verwendeter Intelligenzbegriff nicht Grundlage für ein Plädoyer für ganzheitliche Bildung, sondern Wegbereiter für eines für die Nutzbarmachung von Wissen mit der Ambition wirtschaftlichen Erfolg zu generieren. Mittel zum Zweck ist die Grenzziehung zwischen ‚Kultur' und ‚Natur' und das Aufwerten von Naturwissenschaften, weil sie dem Unterwerfen der ‚Natur' dienlich zu sein versprechen.

7.3. Die Reproduktion eines darwinistischen Hegemonialdiskurses

Im Rahmen der Theorien Taylors wird auf Rousseau verwiesen, dessen Lebenswerk für Sarrazin einen gehobenen Stellenwert einnimmt. (SARRAZIN 2010:29) Man ist versucht darin die Reproduktion eines aristokratisch-naturalistischen Hegemonialdiskurses auszumachen, den Sloterdijk im Darwinismus begründet sieht:

> „Die Naturwissenschaften lieferten einen alles andere als idyllischen Naturbegriff. Seit Darwin [...] benutzte das imperialistisch gewordene Bürgertum das Raubtier als sein Emblem; auf Natur begann sich zu berufen, wer Gewalttätigkeiten zu legitimieren hatte, nicht wer von Befriedung sprach. [...] Es gab lange vor dem Rousseauismus und sinngemäß gegen ihn einen aristokratischen Naturalismus, der sich im mächtig gewordenen Bürgertum als politischer »Biologismus« erneuerte. Nichts kann klarer zeigen, daß der Rousseausche Naturalismus nur eine momentane Stilisierung des Naturgedankens gewesen war, auf die sich eine allgemeine Theorie der Befreiung nicht zuverlässig stützen konnte." (SLOTERDIJK 1983:125)

Für die weitere Analyse von Multikulturalismus in Deutschland ist deshalb die Identifizierung eines modernen aristokratischen Naturalismus von Interesse. Vor dem Hintergrund gewonnener Erkenntnisse im Zuge der Analyse von Sarrazins Intelligenzbegriff liegt die Vermutung nahe, dass dieser argumentativ vor allem wirtschaftsliberal verankert wird. Um in dieser Annahme auf den Grund zu gehen, gilt es, Sarrazins Ausführungen über Darwin genauer zu inspizieren, bevor sich dem *AmkA* zugewandt werden wird.

7.4. Sarrazins Auslegung von Darwin

Die Phrase *schafft sich ab* im Titel des Werkes von Sarrazin weist in ihrer Doppeldeutigkeit Ähnlichkeit mit der Metapher *struggle for existence* von Darwin auf, wenngleich nicht gesagt werden kann, ob es sich dabei um einen Zufall handelt. Wie dem auch sei, im Unterkapitel *Qualität und Quantität* (SARRAZIN 2010:349-354) unternimmt Thilo Sarrazin den Versuch, seine Ausführungen über demographische Entwicklungen mit Darwins Evolutionstheorie zu unterfüttern. Sarrazins Auslegung Darwins birgt jedoch ihre Tücken. Darwin wurde zeitlebens Opfer seiner eigenen, vereinfachenden Metaphorik, welcher Sarrazin zu erneutem Auftrieb verhilft. Der Historiker Sarasin schreibt: „Darwin war [...] weder Rassist noch Eugeniker, sondern ein genealogischer Denker[.]" (SARASIN 2009:271) Interpretationen seines Lebenswerkes, die suggerieren, es wäre anders, sind letztlich Resultat der Vermengung mit zeitgeistlichen Diskursen, in denen Darwin seine Erkenntnisse kundtat. So sehr er es für Darwin auf lange Sicht nicht war, erweist sich dieser Umstand nunmehr jedoch als dienlich, um den historischen Ursprung einer biologistischen Figur eindeutiger aufzuzeigen, welche sich in den Ausschlussmechanismen widerspiegelt.

Darwins Aufzeichnungen über die Arten sind ein gewaltiges Sammelsurium abstrakter Zeitschichten und regelloser Entwicklungslinien. Regellos hießt indessen, dass keine Hierarchien im Sinne von Verbesserungen vorhanden sind. Arten existieren schlicht nebeneinander, was einen diametralen Unterschied zu Sarrazins Vorstellung von „Hierarchiestufe[n] des Könnens" (SARRAZIN 2010:187) darstellt. Welche Umstände Darwin letztendlich dazu bewogen haben, Metaphern wie *survival of the fittest*, *natural selection* oder *struggle for existence* zu verwenden, kann nicht ganz und gar geklärt werden. Sarasin benennt jedoch zwei Faktoren, die auf seine Wortwahl entscheidenden Einfluss gehabt haben dürften, Ergebnisse vorweisen zu müssen und der absehbare Konflikt mit der Naturtheologie: Vermutlich konnte Darwin selbst keine Ordnung in den Aufzeichnungen ausmachen, die er auf seinen Reisen angefertigt hatte, was ihn in Erklärungsnot gebracht hätte. Dafür spricht, dass die Aufzeichnungen mehr Tiefe und Komplexität als die o.g. Metaphern besitzen. Teilweise werfen sie für die Biologie noch heute Fragen auf. (SARASIN 2009:78ff., 187ff.) Darwin selbst machte zu einem späteren Zeitpunkt Abstriche bzgl. *natural selection*, weil Wallace ihn darauf aufmerksam machte, dass vererbte Merkmale sich nicht in dem Umfang als unmittelbarer nützlich erwiesen, wie es die Metapher nahelegte. Dies gilt vor allem in Hinblick auf die Erklärbarkeit der geistigen Fähigkeiten des Menschen. (DARWIN 1971:746 in: SARASIN 2009:272) Zu dem Zeitpunkt, als Darwin von seinen Reisen zurückgekehrt war, sah er sich womöglich schlicht dazu gedrängt, Ergebnisse zu präsentieren, wozu es griffiger Thesen bedurfte. „Offenbar kommt die Sprache nicht ohne leere Begriffe aus, um zu fassen, was nicht definierbar ist, weil es sich dauernd wandelt – und legt genau damit die Fallstricke der »Identität« und des »Wesens« aus." (SARASIN 2009:55) Die konkrete Wahl seiner Metaphern deutet währenddem auf den zweiten Faktor hin. Darwin war sich mit Sicherheit bewusst, dass seine Entdeckungen nicht mit der vorherrschenden Naturtheologie des 18. und 19. Jahrhunderts vereinbar sein würden. Seine Frau war zudem gläubig, und es ist möglich, dass er auch ihre religiösen Gefühle nicht kränken wollte. (SARASIN 2009:78) Aus diesen Gründen wäre es nicht unwahrscheinlich, hätte er sich dazu entschlossen, die Dialektik eines anderen, damals ähnlich mächtigen Diskurses zu übernehmen, weil jener ihm zumindest vorübergehend Schutz bieten würde.

Der englische Wirtschaftsliberalismus und britische Imperialismus stellten einen alternativen Diskurs. Verdeutlicht werden kann der Zusammenhang zwischen ihm und Darwins Wortwahl an der Voraussetzung von Mangel – welche bereits als Triebfeder in Sarrazins Duktus identifiziert wurde. Nietzsche störte sich daran, dass es angesichts der Fülle und Vielfalt, die sich Darwin auf seinen Reisen geboten haben musste, keinen rechten Sinn ergab, sich ausgerechnet darauf zu beschränken, Individuen in einem Kontext der Ressourcenknappheit zu erfassen. Nietzsche hegte zudem am Kämpferischen in Darwins Metaphorik Zweifel, weil der „Kampf um's Leben" (NIETZSCHE 1888:120 in: SARASIN 2009:83) eine Ausnahmesituation darstelle. (SARASIN 2009:83) Er bring es auf den Punkt: „[W]o gekämpft wird, kämpft man um *Macht*[.]" (NIETZSCHE 1888:120 in: SARASIN 2009:83) Sarrazin nutzt diesen Verdichtungspunkt der Machtverhältnisse hingegen im Sinne eines kulturellen Artefaktes: „Im Jahr 2009 wurde der 200. Geburtstag von Charles Darwin gefeiert. Die weltweite Rezeption zeigte, dass die Darwinsche Evolutionstheorie keine ernsthaften wissenschaftlichen Gegner mehr hat." (SARRAZIN 2010:349) Er hält überdies an den verworfenen Erklärungsversuchen für Geistesgaben fest, obwohl er auch Wallace zitiert (SARRAZIN 2010:349, 352) und unterstellt Darwin, er habe „Gefahren der Zivilisation" aufgezeigt. (SARRAZIN 2010:352) Dies stellt eine Erfüllung des *Kriteriums 4* in jedweder Hinsicht dar. Es ist nicht korrekt, dass Darwin nicht unumstritten ist. Es ist in dem Zuge nicht richtig anhand der Unterstellung allgemeiner Zustimmung auf die Gültigkeit einer Norm abzuzielen, da tatsächlich keine allgemeine Zustimmung gegeben ist. Mit dem Kopfschütteln Darwins, als Bronn *natural selection* ins Deutsche mit ‚Adelung' oder ‚Wahl der Lebensweise' übersetzen wollte, ist zudem klar, dass Darwin seine Metaphorik nicht als

Grundlage für einen aristokratisch-naturalistischen Gesellschaftsentwurf verstanden wissen wollte:

> „Vor allem Bronn folgte mit seiner Begriffswahl weit weniger seinem eigenen philosophischen Ideen als in diffuser Weise einer – wie soll man sagen? – Zeitstimmung, in der sich, im globalen Horizont, englischer Wirtschaftsliberalismus, britischer Imperialismus und das selbstverständliche »rassische« Überlegenheitsgefühl der Europäer über alle »farbigen« Völker mit der Abkehr des deutschen Bürgertums von den demokratischen Idealen von 1848, seiner Faszination für das militärische Gehabe des Adels und seinem hierarchischen Gesellschaftsverständnis mischten, aber auch mit der wachsenden Angst vor dem Proletariat und einem nicht zuletzt unter Akademikern verbreiteten Ideal kampfbereiter Männlichkeit." (vgl. FREVERT 1991 in: SARASIN 2009:196)

Wie in Folge der Analyse von Sarrazins Intelligenzbegriffs bereits festgehalten, liegt die Vermutung nahe, dass Wirtschaftsliberalismus als argumentativer Anker für einen modernen biologistischen Duktus fungiert. Bei der Auseinandersetzung mit Darwin schlägt Sarrazin schließlich einen Bogen zur Wirtschaft, indem er den ehemaligen Vorstandssprecher des Softwarekonzerns SAP, Leó Apotheker, zitiert, welcher sich über einen Mangel an deutschen Ingenieuren beklagt und bessere Ausbildung ihrer fordert, um im globalen Wettbewerb zu bestehen. (APOTHEKER 2009 in: SARRAZIN 2010:354) Es ist unwahrscheinlich, dass Apotheker sich dabei im Sinne von Darwinismus verstanden wissen wollte. Sarrazin stellt diesen Bezug jedoch her. Entsprechend *Kriterium 14* wäre sinngemäß zwar legitim, die kulturelle Selbsterhaltung Deutscher zu berücksichtigen. Ob deutsche Ingenieure sich infolgedessen aber im Sinne von *Kriterium 11* mit der Rolle einer bedrohten Art oder gar Rasse anfreunden können, ist äußerst fraglich.

7.5. Unklarheiten *in puncto* Bestimmung von Liberalismus 1 oder 2

Abschließend erweist sich *Kriterium 13*, welches die Unterscheidung zwischen Liberalismus 1 oder 2 betrifft, in Bezug auf Sarrazins Werk als problematisch. Wie im Zuge der Analyse deutlich wurde, weist Sarrazins Stil neoliberalen und strategischen Charakter auf. Staatliche Handlungsentwürfe rücken in den Hintergrund oder werden nur gefordert, wenn sie für sozio-ökonomisch besser gestellte Gruppen zuträglich erscheinen. Lebenswelt und System im Sinne von Habermas verschmelzen währenddem ausschließlich zum System. Mehr oder minder sind alle Subjekte für Sarrazin ökonomisch determiniert, dies aber in einer Art und Weise, bei der Ökonomie alle anderen Bereiche des Lebens überschattet. Diese Überformung kann gemäß *Kriterium 8* auch nicht als authentisch bezeichnet werden, weil bereits das wirtschaftswissenschaftliche Modell des *homo oeconomicus* „nicht unbedingt realitätsnah" ist. (SEDLACEK 2007:682 in: GEBHARDT et. al. 2007:661-695) Tendenziell erinnert Sarrazins Ausdrucksweise zwar eher an Liberalismus 1, da Ökonomie als ein neutrales Moment verstanden werden kann. Nichtsdestotrotz haben Ökonomie und Kultur für Sarrazin aber auch selektiv-exklusiven Charakter inne, da Nützlichkeit für ihn entscheidenden Einfluss darauf hat, wer am Diskurs beteiligt werden sollte oder nicht, weil einige kulturelle Elemente angeblich nützlicher sind als andere. Deshalb ist sein Ökonomieverständnis auf den zweiten Blick keineswegs neutral, sondern ideologisch gefärbt, es mutet aufgrund der normativ wirksamen Verweise auf kulturelle Artefakte religiös an und besitzt rein selbsterklärenden Charakter. Unterm Strich kann somit nicht eindeutig geklärt werden, um welches Liberalismusmodell es sich handelt. Entweder es sind beide Modelle, was willkürlich anmutet, oder es ist keines von beiden. Gewiss sieht man sich aber mit einem unterschwelligen Plädoyer für die Verselbstständigung der staatlichen Apparatur konfrontiert, die ausschließlich durch Geld und Macht beeinflusst und *gutem Leben* weiter Teile der Bevölkerung konsequenterweise zuwider laufen dürfte.

8. Zweite Analyse: Das Amt für multikulturelle Angelegenheiten (*AmkA*) in Frankfurt am Main

Um Trends zu ermitteln, wird der Analyse des Integrationskonzeptes 2010 eine Chronologie des Amtes für multikulturelle Angelegenheiten vorangestellt. Bereits darin soll ermittelt werden, wie sich die Arbeit des *AmkA* im Laufe der Zeit verändert hat. Sofern Auffälligkeiten in Bezug auf die Befunde aus der Analyse des Werkes von Sarrazin oder dem Fragen- bzw. Kriterienkatalog bestehen, werden diese benannt.

8.1. Chronologie des Amtes für multikulturelle Angelegenheiten (AmkA) von 1989 bis 2010

Im Wesentlichen kann die Entwicklung des *AmkA* in drei Phasen unterteilt werden, die nicht scharf voneinander abgrenzbar sind. Die Anfänge sind bis etwa 1995 maßgeblich davon bestimmt, dass es sich gegen öffentliche Widerstände behaupten musste bzw. es der Legitimation für seine Existenz bedurfte. Die zweite Phase ist charakterisiert von Projekten, die auf Veränderung der sozialen Infrastruktur ausgerichtet und derweil insbesondere auf die Unterstützung sozialschwacher Migrantengruppen, respektive älterer, ausgerichtet sind. Bildung stellt einen weiteren Schwerpunkt dar. Man kann darin einen Akzent auf Liberalismus 2 bzw. Politik der Differenz sehen. Seit dem Jahr 2001, dem Beginn der dritten Phase, gewinnen analog zu den bereits vorhandenen Projekten aber solche an Bedeutung, die aufgrund ihrer Strahlkraft eher das Stadtmarketing insgesamt betreffen und in Form von Leitlinien auf die Einbindung von Migranten abzielen, die vergleichsweise gut ausgebildet sind oder sogar prestigeträchtig für die Stadt Frankfurt zu sein versprechen. Zeitgleich erhalten Evaluationen, Integrationsberichte und schließlich Studien im europäischen Kontext Einzug. Zuvor beschränkte man sich lediglich auf gemeinschaftliche Erklärungen und Vergleichbares. Bereits zuvor, aber spätestens 2008 wird mit der *Frankfurter Integrationsstudie 2008* ein klarer Akzent auf Diversity Management und Monitoring deutlich. Ihren Abschluss findet die hier beschriebene Chronologie mit dem *Integrationskonzept 2010*. Es wird im nächsten Kapitel detailliert in Hinblick auf Berührungspunkte mit dem Duktus Sarrazins analysiert werden.

8.2. Anfänge

Auf Initiative der Grünen wird das Amt 1989 eingerichtet und Daniel Cohn-Bendit zum Stadtrat für multikulturelle Angelegenheiten ernannt. Anfangs zählt das Amt 15 Mitarbeiter/-innen unter Leitung von Rosi Wolf-Almanasreh. Teile der Sozialdemokraten konnten sich während Koalitionsvereinbarungen nicht mit dem Umstand anfreunden konnten, dass Deutschland ein ‚Einwanderungsland' sei. Daher wurde der Begriff nicht in den rot-grünen Koalitionsvertrag aufgenommen (COHN-BENDIT 2009:10-11 in: COHN-BENDIT, D. & SCHMID, T. 1993 in: AMT FÜR MULTIKULTURELLE ANGELEGENHEITEN 2009:10), was von Relevanz für die Geschwindigkeit in der Umsetzung und fortlaufenden Betreuung von Projekten bis 1995 ist. Sprich, nicht nur dass Pilotprojekte zwangsläufig mit Startschwierigkeiten verbunden sind, die Arbeit des Amtes konzentrierte sich in den Anfängen vorwiegend auf Konfliktbewältigung angesichts auftretender Widerstände. Deshalb ist die Anzahl der Projekte, die in diesem Zeitraum angeschoben werden, vergleichsweise überschaubar.

Das Jahr 1990 ist geprägt von ersten Schritten, wie der Einrichtung von Migrantenvereinen, dem Vorantreiben von Untersuchungen, Gesprächsrunden, aber auch Festivitäten in Bezug auf den Fall der Berliner Mauer sowie einem Projekt mit dem Ziel der architektonischen Mitgestaltung des Gutleutviertels durch Studenten und der Unterstützung der Islamwochen. (AMT FÜR MULTIKULTURELLE ANGELEGENHEITEN 2011:1) Überhaupt stehen Aktivitäten gemeinsam mit islamischen Interessengruppen die ersten Jahre im Vordergrund, wobei die anonyme Weiterleitung von Daten zur Erfassung von Sinti und Roma in Frankfurt zu Protesten führt, die ihre Beheimatung in der Erinnerung an die Erfassungen von Sinti und Roma während der NS-Zeit finden. Entsprechend schwierig gestaltet sich der Prozess, argumentativ für das Amt einzutreten. (COHN-BENDIT 2009:10-11 in: COHN-BENDIT, D. & SCHMID, T. 1993 in: AMT FÜR MULTIKULTURELLE ANGELEGENHEITEN 2009:13)

1991 wird mit Vertretern aus 100 Städten aus 20 Ländern die *Frankfurter Erklärung Europa 2000 – für eine neue kommunale Politik der multikulturellen Integration in Europa* verabschiedet, in der Deutschland/Europa als ‚Einwanderungsland' bezeichnet wird. Gefordert werden das Wahlrecht für Ausländer und eine europäische Staatsbürgerschaft. (AMT FÜR MULTIKULTURELLE ANGELEGENHEITEN 2011:2) Bis 1992 wird das so genannte *Frankfurter Modell* entwickelt, welches programmatisch in zweierlei Hinsicht gekennzeichnet ist: Zum einen werden Zuwanderer als mündige Bürger verstanden, die weder gesellschaftlich, noch institutionell diskriminiert werden sollen. Cohn-Bendit schreibt: „Ihre gesellschaftlichen Beiträge und ihre sozialen Bedürfnisse betreffen alle Bereiche des städtischen Lebens. Ausländerinnen und Ausländer müssen von den Deutschen weder paternalistisch gegängelt noch pauschal ‚geliebt' werden. Vielmehr sind sie zu respektieren und zu achten, auch dann, wenn sie anders aussehen oder andere Wertvorstellungen haben als wir." (COHN-BENDIT 2009:10-11 in: COHN-BENDIT, D. & SCHMID, T. 1993 in: AMT FÜR MULTIKULTURELLE ANGELEGENHEITEN 2009:10-13) Zum andern sollen Zuwanderer sich selbstständig mit Strukturen, dem Rechtssystem und Wertvorstellungen von Deutschen vertraut machen und diese respektieren, dabei aber von deutschen Institutionen unterstützt werden. Derweil soll ausgelotet werden, wie ein Zusammenleben akzeptabel ist, während Menschenrechte und die deutsche Verfassung die Basis dafür bieten sollen. Verantwortliche der Stadt distanzieren sich außerdem von Rassismus und jeglicher Form der Diskriminierung. (COHN-BENDIT 2009:10-11 in: COHN-BENDIT, D. & SCHMID, T. 1993 in: AMT FÜR MULTIKULTURELLE ANGELEGENHEITEN 2009:10-13)

1992 wird auch die Einrichtung *HIWA*, eine Beratungsstelle für ältere Migrantinnen und Migranten, die sich mit der sozialen Versorgung für älterer Arbeitsmigrantinnen und Migranten aus den Anwerbeländern befasst, eingerichtet. Dies geht einher mit der Veröffentlichung eines Gutachtens über die Lage, in der sich die Migranten befinden. Überhaupt wird in Hinblick auf die Lebensumstände verschiedener Migrantengruppen wie etwa Marokkaner/-innen aber auch mit Bezug auf allgemeine Handlungsrichtlinien für Pädagogen und Sozialarbeiter/-innen verstärkt publiziert. (AMT FÜR MULTIKULTURELLE ANGELEGENHEITEN 2011:3)

1993 rückt die Aus- und Weiterbildung der Polizei zusätzlich in den Fokus. Der weiterhin präsente Rechtfertigungsdruck des Amtes schimmert indes mit der Veröffentlichung *Zweieinhalb Jahre Amt für multikulturelle Angelegenheiten* (1993) durch. Das Amt muss offenbar binnen eines recht kurzen Zeitraums Erfolge vorweisen.

Das Jahr 1994 ist von Vortragsreihen und Gesprächen mit Künstlern zum besseren Verständnis um deren Bedürfnisse geprägt. Die pragmatische Ausrichtung des Amtes wird derweil in Publikationen wie *Begegnen – Verstehen – Handeln, Handbuch für interkulturelles Kommunikationstraining* (1994) deutlich.

1995 münden die Früchte der Gespräche mit Künstlern in die Gründung der Kulturbörse *inter.art*, welche auf die Vernetzung und Koordinierung von Kunstprojekten abzielt und umgehend Veranstaltungen zur Folge hat. Eine Magistratskommission für Gleichberechtigung und Integration wird eingerichtet. Geschäftsstelle ist das *AmkA*. Strukturen hinsichtlich der

Auseinandersetzung mit den Problemen älterer Migranten werden in Form eines Arbeitskreises verfestigt. (AMT FÜR MULTIKULTURELLE ANGELEGENHEITEN 2011:4-5)

8.3. Die Phase vor dem Jahr 2000

Auch im Jahr 1996 bestimmt die Auseinandersetzung mit der Thematik rund um die Lebensbedingungen und Bedürfnisse älterer Migrantinnen und Migranten weiterhin in Form von Fachtagungen das Geschehen. Allerdings keimt auch das Thema Migration im Kontext von Schule mit dem Projekt *„Wenn Schulen sich öffnen ..."* auf. (AMT FÜR MULTIKULTURELLE ANGELEGENHEITEN 2011:5) Der Faktor Bildung kommt ebenfalls bei dem Projekt *„Mama lernt Deutsch"* (später *„Mama lernt Deutsch – Papa auch"*) sowie dem Beginn von *Ausbildungsorientierter Elternarbeit* (*AOE*) zum tragen. Bis heute gilt *„Mama lernt Deutsch"* als ein Vorzeigeprojekt. Neben dem Erlernen der deutschen Sprache, wird sich in seinem Rahmen damit befassen, welche Pläne, Wünsche und Ziele Teilnehmer/-innen haben. Obwohl das Thema ‚Arbeitsplatz' derweil besondere Beachtung erfährt, kann von einer ergebnisoffenen Praxis gesprochen werden. Aufschlussreich ist währenddem der Verweis darauf, dass männliche Migranten dem Projekt eher fernbleiben, weil sie arbeiteten. Dies führte dazu, dass sie Deutsch im Kontakt mit Kollegen schneller erlernten als ihre Frauen. (AMT FÜR MULTIKULTURELLE ANGELEGENHEITEN 2009:44ff) Die Bedeutung von Arbeit im Rahmen des Seminars macht insofern Sinn (*Kriterium 19*), als dass ihre Aufnahme insbesondere den Migrantinnen dazu verhelfen kann, den eigenen Integrationsprozess aktiver zu gestalten. Vor dem Hintergrund noch ausstehender Entwicklungen ist jedoch wichtig anzumerken, dass das Projekt niederschwellig ansetzt, es also Familien mit verhältnismäßig niedrigem Haushaltseinkommen adressiert.

Erste Anzeichen eines Wandels kündigen sich 1997 mit dem Beitritt der Stadt Frankfurt zu dem Netzwerk *„Städte der Zukunft"* auf Vorschlag von Cohn-Bendit an. Sichtbar wird daran, dass die Arbeit des *AmkA* sich nicht länger nur auf Lokales beschränkt, sondern außerdem eine wettbewerbsorientierte Strategie im globalen Kontext hervortritt. Trotz allem werden aber auch weiterhin Projekte, die die Kunst und das Alter von Migranten betreffen, ausgebaut. Publikationen des Amtes konzentrieren sich nunmehr auch auf Asylverfahren und nicht registrierte Einwanderer. (AMT FÜR MULTIKULTURELLE ANGELEGENHEITEN 2011:5-6)

1998 startet ein Projekt gemeinsam mit den Städten Aarhus und Rotterdam, welches den Fokus auf den Seiteneinstieg von Schülerinnen und Schülern mit Migrationshintergrund konzentriert. Gleichwohl geht das Projekt *HIPPY* in die Pilotphase. Das ursprünglich an der Hebrew University of Jerusalem entwickelte Konzept soll junge Migrantenkinder auf die Schule vorbereiten. Seit dem Jahr 2000 ist es in mehreren Stadtteilen Frankfurts fest etabliert. Ähnlich verhält es sich mit dem EU-Projekt „*Polizei in einer multikulturellen Gesellschaft – NGOs and Police Against Prejudice (NAPAP)*". Nach dem Jahr 2000 wird es in Eigenregie der Stadt Frankfurt unter dem Namen „*Polizei und Migrant/innen im Dialog*" weitergeführt, aufgrund von Personalmangel aber im Jahr 2007 eingestellt werden (AMT FÜR MULTIKULTURELLE ANGELEGENHEITEN 2009:74-75), was hier in den Jahren nach 2000 als Indikator für einen Kurswechsel, weg von einer Politik der Differenz verstanden wird.

Im Jahr 1999 wird der Roma Kindergarten *Schaworalle* eingerichtet. Eigentlich federführend ist der Förderverein Roma e.V.. Es handelt sich dabei um „ein bundesweites Pilot- und Modellprojekt, das von der Beratungsstelle ausgehend ebenfalls Familienhilfe, Jugendarbeit und Berufsqualifizierung leistet." (INTERNETAUFTRITT DER STADT FRANKFURT AM MAIN; Startseite > Rathaus > Ämter und Institutionen > Amt für multikulturelle Angelegenheiten > Schule & Bildung > Kita Schworalle) Die Kinder erlernen sowohl Deutsch als auch Romanes, die Sprache der Sinti und Roma. Problematisch erscheint der Umstand der Exklusion. Trotzdem überzeugt das Projekt. Schließlich ist die Teilhabe von Sinti und Roma am gesellschaftlichen Leben in Deutschland nicht zuletzt aufgrund einer hohen Analphabetenrate eingeschränkt. Die Kindertagesstätte setzt darauf, möglichst frühzeitig auf mangelnde Teilhabe, die daraus resultiert, zu reagieren, indem einer Inklusion auf der Grundlage von Sprache zu Auftrieb verholfen wird. Aus diesem Grund wird im selben Jahr auch am EU-Projekt „Schulvorbereitung, schulische Integration und Alphabetisierung zugewanderter Romakinder" teilgenommen. *In puncto* Bildung überhaupt relevant, wird ein Aufnahme- und Beratungszentrum für Seiteneinsteiger in Frankfurter Schulen im Staatlichen Schulamt für die Stadt Frankfurt am Main in Kooperation mit dem *AmkA* und mit Unterstützung der Europäischen Union eingerichtet. (AMT FÜR MULTIKULTURELLE ANGELEGENHEITEN 2011:6-7)

Das Amt feiert dessen ungeachtet seinen Internetauftritt in mehreren Sprachen. In der Jubiläumsschrift wird darauf verwiesen, dass „[die Internetseite des *AmkA* in] der von der Stiftung „Digitale Chancen" geförderten Untersuchung „Ethnische Minderheiten, neue Medien und die digitale Kluft: Deutschland ein digitales Entwicklungsland?" der Universität

Bremen 2004 [...] als ein Best-Practice-Projekt dargestellt [wurde]". (AMT FÜR MULTIKULTURELLE ANGELEGENHEITEN 2009:34)

Auf dem Frankfurter Museumsuferfest wird erstmals die *Multikulturelle Bühne* als Plattform für die Aufführungen von Kulturvereinen eingerichtet. 2004 wir sie in *Frankfurter Bühne* umbenannt werden. In einer Passage in der Jubiläumsschrift heißt es dazu: „Der Malaysian Club Deutschland e.V. präsentiert Tänze aus Malaysia. Fragt man sie, warum sie sich für malaysische Tänze interessieren, antworten die Tänzer, die malaysische Kultur sei ein Paradebeispiel für Multikultur." (AMT FÜR MULTIKULTURELLE ANGELEGENHEITEN 2009:101) Freilich können die Mitgliederinnen und Mitglieder der Tanzgruppe aus den unterschiedlichsten Gründen Freude an ihrem Hobby haben. Es spricht auch nichts dagegen, einem solchen Hobby nachzugehen und sein Können vorzuführen. Was aber befremdlich erscheint, ist dass sich die Tänzergruppe laut dem/der nicht genannten Autor/-in angeblich geschlossen für eine Praxis ausspricht, die an das ‚3S-Modell' erinnert. (ALIBHAI-BROWN 2000 in: KYMLICKA 2010:33 in: VERTOVEC & WESSENDORF 2010[1]) Es leuchtet nicht ein, weshalb malaysische Kultur an dieser Stelle als ein Paradebeispiel für Multikultur dargestellt wird, sei es nun in direkter oder indirekter Rede. Kulturelle Elemente als mehr oder weniger ‚multikulturell' darzustellen spricht nicht für Authentizität des Anderen, sondern für seine Stereotypisierung. Im Sinne der Steigerungsfähigkeit mutet Inszenierung von Exotik um der Unterhaltung Einheimischer willen u.U. sogar zynisch an. Ausführungen dieser Art laufen Gefahr einem europäischen Überlegenheitsgefühl zu Auftrieb zu verhelfen. Man kann sie infolgedessen als Ausprägung eines modernen aristokratischen Naturalismus lesen.

Schließlich wird im Jahr 2000 das Modellprojekt *mitSprache* ins Leben gerufen. Es dient der „sprachlichen und soziokulturellen Integration von zugewanderten Schülerinnen und Schülern und deren Eltern". (AMT FÜR MULTIKULTURELLE ANGELEGENHEITEN 2011:7) Der Titel des Projekts verdeutlicht bereits, dass ihm eine Philosophie zu Grunde liegt, welche sehr an Habermas Einschätzung von der Bedeutung von Sprache erinnert. Will heißen: Es geht dabei zwar um das Erlernen von Deutsch, aber auch um Partizipation. Ferner gewinnt auch die EU weiter an Bedeutsamkeit bei Sprach- und Orientierungskursen (2000 – 2005) in Kooperation mit Frankfurter Bildungsträgern, bei denen in den Lernzielbeschreibungen die europäische Sprachenstandards bei Erfüllung mit einem Zertifikat honoriert werden. (AMT FÜR MULTIKULTURELLE ANGELEGENHEITEN 2011:7)

Ungeachtet einiger Vorzeichen des Wandels kann bis zu dieser Stelle von einem Akzent auf Liberalismus 2 bzw. Politik der Differenz gesprochen werden. Das Einbeziehen von

Ausgeschlossenen und ungenügend am öffentlich Diskurs beteiligten Gruppen steht im Vordergrund. Dabei übernimmt der Faktor Bildung ein emanzipierende Qualität mit ergebnisoffenem Charakter. Zwar findet sich auch eine Passage, die potenziell einem europäischen Überlegenheitsgefühl zu Auftrieb verhelfen könnte, was infolgedessen als Ausprägung eines modernen aristokratischen Naturalismus lesbar ist, diese stellt aber eine Ausnahme dar. Die Einstellung von Schulungen der Polizei betrifft erst die nächste Phase. Sie wurde jedoch aus Gründen der Kohärenz in diesem Teil besprochen.

8.4. Die Phase von 2001 bis 2010

Evaluation erhält Einzug in die Tätigkeitsfelder des *AmkA*. Erstmalig wird 2001 die Studie „Evaluation von Integrationsprozessen in Frankfurt am Main" veröffentlicht. Gleichwohl erscheint „Global Cities - Frankfurt, the Eurocity", worin zum Ausdruck kommt, dass Standortvorteile und Marketing zusehends an Gewicht gewinnen. Abgesehen davon, werden Projekte mit einem Fokus auf ältere Zuwanderer im europäischen Kontext, aber auch in Eigenregie angestoßen und Wahlbroschüren in mehreren Sprachen in Umlauf gebracht. (AMT FÜR MULTIKULTURELLE ANGELEGENHEITEN 2011:8)
2002 liegt der Akzent weiterhin auf Themen rund um die Einbindung älterer Migrantinnen und Migranten oder deren Versorgung. Auch wird aber eine medizinische Sprechstunde für afrikanische Migranten eingerichtet, die kostenfrei und anonym genutzt werden kann. Weitere Tätigkeitsfelder konzentrieren sich auf „Interkulturelle Kompetenz" und im Rahmen des Projektes *M.A.R.E* (Migration und Arbeit Rhein-Main – Regionale Entwicklungspartnerschaft) auf die Relevanz von Migration im Arbeitskontext speziell. Schlussendlich tritt das *AmkA* einem Arbeitskreis mit thematischem Bezug zu häuslicher Gewalt an Frauen bei. (AMT FÜR MULTIKULTURELLE ANGELEGENHEITEN 2011:8)
Der *Frankfurter Bühne* sinnverwandt wird seit 2003 die *Parade der Kulturen* ausgerichtet. Zu ihr sind die Ausführungen nicht gleichermaßen auf Steigerbarkeit des Multikulturellen ausgerichtet, münden aber ins Utopische. Es heißt dazu:

> „Demonstriert hat man ja in Frankfurt schon immer gerne. Gegen die Immobilienhaie im Westend, die Startbahn West oder der Irakkrieg, gegen Studiengebühren, Rechtsextremismus und Lehrermangel, für Frieden und Solidarität, gegen Diskriminierung, Fluglärm oder neue

Hochhäuser. Doch wenn sich die „Parade der Kulturen" durch die Frankfurter Innenstadt schlängelt, dann ist das eine Demonstration von Frankfurtern für Frankfurter und mithin gedacht für alle, genauer: für die Vielfalt der Kulturen." (AMT FÜR MULTIKULTURELLE ANGELEGENHEITEN 2009:104)

Es liegt auf der Hand, dass diese Vergleiche hinken, obwohl alles darauf hindeutet, dass es sich gemäß *Kriterium 8* um ein authentisches Moment handelt. Außer der *Parade der Kulturen* handelt es sich um keine festlichen Anlässe, sondern um Demonstrationen, die teilweise mit gewaltsamen Ausschreitungen einhergingen. Freilich wird in der Passage auch relativiert, aber sie wirkt dennoch missglückt. Dem ist so, weil ein verblümtes Bild von gesellschaftlichen Spannungsverhältnissen gezeichnet wird. Letztendlich verhilft derartige Rhetorik Vorwürfen wie denen von Arnulf Baring (N. N., *Bild,* 5. April 2006) oder Heinz Buschkowsky (N. N., *Focus,* 24. November 2004) zu Auftrieb. Es gibt kein konfliktfreies Miteinander. Grundsätzlich sind derartige Schieflagen aber eher die Ausnahme, und die Arbeit des *AmkA* spiegelt auch anderes wider. Dessen ungeachtet beschließt die Stadtverwaltung Frankfurts im selben Jahr eine Antidiskriminierungsrichtlinie für ihre Ämter und Betriebe. Obendrein wird eine Koordinierungsstelle beim *AmkA* für die Einrichtung kultureller und religiöser Zentren ins Leben gerufen.

2004 beschießt die Stadtverordnetensitzung die Veröffentlichung der Diskriminierungsrichtlinie aus dem Jahr 2003. In Kooperation mit dem Bildungswerk Frankfurt (HKM) wird das Projekt „Förderung der Beteiligungsgerechtigkeit von Erwachsenenbildung am Beispiel älterer Migrant/innen in Zuwanderergemeinden" umgesetzt und die Dauerausstellung „Von Fremden zu Frankfurtern" mit Schwerpunkt auf die Geschichte der Migration nach 1945 im Historischen Museum der Stadt Frankfurt mit Beteiligung des *AmkA* wird eröffnet. (AMT FÜR MULTIKULTURELLE ANGELEGENHEITEN 2011:9)

Das Jahr 2005 ist hinsichtlich Projekten überschaubar, *in puncto* Publikationen aber umso ertragreicher. Leitlinien und Handlungskonzepte für kommunale Integrationsprozesse (Hessischer Städte und Gemeindebund) werden festgeschrieben und eine Tagung, „Religionen in der Migration – Wege zur Integration?", wird vom *AmkA*, dem HLZ für politische Bildung, der Evangelischen Stadtakademie und der Katholischen Erwachsenenbildung geleitet. Hinsichtlich der Publikationen sticht ein „Leitfaden zur Implementierung interkultureller Kompetenz im Arbeitsalltag von Verwaltungen und Organisation" ins Auge. Auch mit Publikationen wie „*M.A.R.E.*: Trainingshandbuch

Implementierung interkultureller Kompetenz im Arbeitsalltag von Verwaltungen und Organisation" gewinnen arbeitsweltliche Themen sukzessive an Bedeutsamkeit. Ferner werden aber ebenfalls Unterrichtsmaterialien im Rahmen von *Mama lernt Deutsch* veröffentlicht. (AMT FÜR MULTIKULTURELLE ANGELEGENHEITEN 2011:9-10)

Das Jahr 2006 kann als ein Jahr bezeichnet werden, in dem Stadtmarketing im Sinne von strahlkräftigen Akten und die internationale Vernetzung der Stadt zur Förderung der Wettbewerbsfähigkeit klar in den Vordergrund treten. Frankfurt am Main tritt dem „Europäischen Städtenetzwerk *CLIP* – Cities for Local Integration Policies" bei und die Stadt Frankfurt unterzeichnet die „Europäische Charta für den Schutz der Menschenrechte in der Stadt". Abgesehen davon, werden erstmals die jährlich stattfindenden Interkulturellen Wochen (mit Vereinen, Organisationen und kirchlichen Einrichtungen) koordiniert sowie ein Gesundheitswegweiser aktualisiert. (AMT FÜR MULTIKULTURELLE ANGELEGENHEITEN 2011:10)

„Die Stadt Frankfurt unterzeichnet [2007] die „Charta der Vielfalt". Durch die Unterzeichnung verpflichten sich Unternehmen und Behörden ein Arbeitsumfeld zu schaffen, das frei von Vorurteilen und Ausgrenzung ist." (AMT FÜR MULTIKULTURELLE ANGELEGENHEITEN 2011:10) Darüber hinaus thematisieren weitere Projekte Spannungsfelder rund um Religion, als da sind: „Religion und Migration im Spiegel politischer und sozialer Konflikte" und „Landesamt für Verfassungsschutz und muslimische Vereine im Dialog". Letzteres wird seitdem jährlich durchgeführt, worin der mediale Diskurs mit dem Akzent auf den Islam widergespiegelt wird.

Auch in den Publikationen im Jahr 2007 wird Migration mit Religion verknüpft. Weiterhin werden aber ebenfalls Informationen zu dem Projekt *mitSprache* herausgegeben, und im Rahmen von *CLIP* erscheint ein Bericht bezüglich der kommunalen Wohnsituation von Migranten. Letzteres kann nicht nur, aber auch als Reaktion auf die Vermutung des Entstehens einer *Parallelgesellschaft* interpretiert werden. Folglich ist das *AmkA* zugänglich für öffentliche Debatten, die nicht zuletzt durch Neuen Realismus geprägt werden.

Die Kampagne „Welches Ziel hast du?" soll im Jahr 2008 Jugendliche mit Migrationshintergrund motivieren. (AMT FÜR MULTIKULTURELLE ANGELEGENHEITEN 2011:10) Ein Frankfurter Fußballspieler, eine von einem Unternehmen mit einem Preis ausgezeichnete Friseurin oder etwa ein Restaurantfachmann im Tigerpalast – alle besitzen einen Migrationshintergrund – werden in ihrem Rahmen als Werbepartner gewonnen und sollen als Vorbilder fungieren. Es handelt sich dabei mit Sicherheit um eine geeignete Form der Anerkennung der Leistungen dieser Personen selbst. Fragwürdig ist jedoch, ob sie geeignet sind, um junge Migrantinnen und Migranten in glaubwürdiger Art und Weise anzuerkennen. Letztlich sind Spitzensportler eher eine Ausnahmeerscheinung, und ihre Biographien unterscheiden sich in aller Regel deutlich von anderen. Zudem ist für besondere Erfolge in einer Sportart grundsätzlich nicht entscheidend, welcher Nationalität man ist, ob man sich in einem neuen Heimatland der Kultur verbunden fühlt oder gar die Zielsprache spricht. Das Friseurhandwerk und die Gastronomie stehen hingegen in Verruf, das niedrige Löhne keine Seltenheit sind. Sprich, auch erfolgreiche Friseure und Personal in der Gastronomie sind eher eine Ausnahmeerscheinung, obwohl die Berufsbilder weniger phantastisch anmuten als Fußballprofi zu werden. Offen beleibt aber in jedem Fall, welchen Zusammenhang der Migrationshintergrund der Werbepartner mit der Ausübung ihrer Berufe besitzt. Die Kampagne wird 2011 beendet. (AMT FÜR MULTIKULTURELLE ANGELEGENHEITEN 2011:10) Unterm Strich ist man versucht, Beispiele für strahlkräftige, aber äußerst seltene ‚Gewinner' auf recht ungewöhnlichen und prekären Feldern präsentiert bekommen zu haben. Letztlich sind sie streng genommen nur außergewöhnlich erfolgreich oder nützlich für das System. Misserfolge auf ihren Berufsfeldern müssen nicht das Resultat mangelnder Motivation sein. In der Folge kann die Wahl der Werbepartner im Anflug mit einer aristokratischen, nicht aber eindeutig mit einer naturalistischen Haltung in Verbindung gebracht werden. Schließlich ist keine/r der Werbepartner/-innen Naturwissenschaftler/-in und sie unterscheiden sich auch untereinander deutlich voneinander. Der Erfolg der Migrantinnen und Migranten ist dessen ungeachtet aber untrennbar verbunden mit einem kapitalistischen Kontext. Dieser stellt eine bestimmte Infrastruktur (i.e. ein herausragender Fußballclub, große Preise verleihende Unternehmen im Kontext des Friseurhandwerks, prestigeträchtige Gastronomie) zur Verfügung und die Anerkennung mutet somit letztendlich gönnerhaft an. Wie dem auch sei, es findet im Rahmen von *CLIP* die Internationale Tagung „Dienstleistungen und Personalpolitik: Integration und Diversity in Kommunen" statt, welche eine entsprechende Publikation zur Folge hat. Interessant ist, dass Lüken-Klaßen darin auf den mangelnden Einfluss des Amtes verweist:

> „Die fehlende Entscheidungsmacht des AmkA zur Realisierung einzelner Vorschläge und zur Durchführung von Maßnahmen in der gesamten Verwaltung ist eines der Hauptprobleme. Das AmkA wurde eingerichtet, um Impulse zu geben und Empfehlungen auszustellen, es ist aber in keiner Weise dazu befugt, entsprechende Strukturen zu schaffen und Maßnahmen innerhalb der Stadtverwaltung

durchzusetzen. [...] Deshalb verfügt die Stadt Frankfurt zwar über eine Reihe innovativer Maßnahmen, kann aber kein kohärentes Konzept oder konkrete Ziele vorweisen – eine große Herausforderung für die dahinter stehenden Mitarbeiter der Stadt." (LÜKEN-KLAßEN 2008:18-19)

Dies bekräftigt in der Vermutung, dass viele Tätigkeitsfelder des *AmkA* dem Marketing zuordenbar sind. Ebenfalls erscheint im Rahmen von *CLIP* eine Publikation mit dem Themenschwerpunkt Wohnen. Getragen von der Ambition Integration messbar zu machen (HALISCH 2008:12) wird außerdem erstmals die *Frankfurter Integrationsstudie 2008* herausgegeben, und es wird eine mehrsprachige Beratungsstelle für behinderte und chronisch kranke Migrantinnen und Migranten in Frankfurt Bockenheim gegründet. Es werden weiterhin Projekte hinsichtlich der Betreuung von Alten fortgeführt und ein Projekthandbuch zu *Mama lernt Deutsch – Papa auch* veröffentlicht. (AMT FÜR MULTIKULTURELLE ANGELEGENHEITEN 2011:10-11)

Mit *TIES* (The Integration of The European Second Generation) wird 2009 ein international vergleichendes Forschungsprojekt ins Leben gerufen, welches „sich mit den Nachkommen von Migrant/innen – der sogenannten „zweiten Generation" – aus der Türkei, dem ehemaligen Jugoslawien und Marokko beschäftigt. Die Untersuchung wird in acht europäischen Ländern (Österreich, Belgien, Frankreich, Deutschland, Niederlande, Spanien, Schweden und Schweiz) durchgeführt." (AMT FÜR MULTIKULTURELLE ANGELEGENHEITEN 2011:11) Das *AmkA* vertritt dabei die Stadt Frankfurt am Main. Überdies wird *mitSprache* auf Kindergärten ausgeweitet, und es ist ein Vorstoß im Internet zu verzeichnen. Das *AmkA* geht mit einem Portal zu den Integrationskursen in Frankfurt online. Neu ist auch das e-Partizipationsverfahren *Vielfalt bewegt Frankfurt*, bei dem Bürgerinnen und Bürger dazu aufgefordert sind, sich direkt einzubringen. Die Teilnahme wirkt aber überschaubar und sollte deshalb nicht überbewertet werden. In Bezug auf Publikationen kommt mit dem Konzept „Integration und Vielfalt messen: Konzept für ein Frankfurter Monitoring" das gesteigerte Interesse am Monitoring zum tragen. Eine Erhebung über „Integrations- und interkulturelle Angebote der Stadt Frankfurt am Main 2006/2007", „Interkulturelle Öffnung – In sieben Schritten zur interkulturellen Öffnung der Verwaltung" sowie der „Entwurf eines Integrations- und Diversitätskonzepts für die Stadt Frankfurt am Main", dessen finale Version im Folgejahr erscheinen und hier an späterer Stelle detailliert analysiert werden wird, werden außerdem veröffentlicht. (AMT FÜR MULTIKULTURELLE

ANGELEGENHEITEN 2011:11) In einer Jubiläumsschrift betont Integrationsdezernentin Eskandari-Grünberg, dass man nicht auf „ethnische ‚Container'" (ESKANDARI-GRÜNBERG 2009:123 in: AMT FÜR MULTIKULTURELLE ANGELEGENHEITEN 2009:122-126) abziele.

Schlussendlich wird das 20jährige bestehen des *AmkA* in 2010 gefeiert, was entsprechende Publikationen und Festivitäten mit sich führt. Auch stimmt das Frankfurter Stadtparlament am 30. September mehrheitlich für ihr Integrationskonzept. In Kooperation mit der Hessischen Landeszentrale für politische Bildung und dem Frauenreferat wird das „Gesprächsforum Frauen in Frankfurt – von der Gastarbeiterin zur gesellschaftlichen Akteurin – Neue Entwicklungen in der Arbeit von und für Frauen in der Einwanderungsgesellschaft" abgehalten. Auffällig daran ist, dass ein einheitliches Ideal hinsichtlich eines Frauenbildes vorausgesetzt wird. Schließlich widerspricht dies der Annahme, es gäbe viele kulturelle Elemente, was unterschiedliche Frauenbilder zur Folge hätte. Insofern handelt es sich streng genommen um ein ‚westliches' oder modernes Frauenbild, das präferiert wird, obschon es durchaus sinnvoll sein kann, dieses nahezulegen, wie am Beispiel *Mama lernt Deutsch* erklärt wurde.

Zudem finden sich weiterhin in Form einer „Imam-Fortbildung" in Kooperation mit der Hessischen Landeszentrale für politische Bildung und einer interreligiösen Projektgruppe Anknüpfungspunkte bezüglich der Kritik am Islam. Eine Fortbildungsveranstaltung über ein „Sprachförderprogramm zur Unterstützung von Vorschülern und Schulanfängern mit Deutsch als Erst- oder Zweitsprache" gemeinsam mit dem Staatlichen Schulamt, setzt indessen Akzente *in puncto* gezielter Förderung junger Migrantinnen und Migranten. (AMT FÜR MULTIKULTURELLE ANGELEGENHEITEN 2011:12) Publikationen in dem Jahr thematisieren außerdem den Faktor Religion, legen erstmals eine Betonung auf Männlichkeit und Migration in Kooperation mit der katholischen Kirche, greifen den Aspekt Weiterbildung auf und gehen weiterhin mit Zielsetzungen im Rahmen von *CLIP* einher. (AMT FÜR MULTIKULTURELLE ANGELEGENHEITEN 2011:13)

Im Gegensatz zu der Phase vor dem Jahr 2000 werden deutliche Akzente auf arbeitsweltliche Themen, Vernetzung im europäischen Kontext, ‚westliche' Frauenbilder, Wertschöpfung durch Vielfalt, das Unterbinden der möglichen Entstehung einer *Parallelgesellschaft* und Spannungsfelder rund um den Islam gesetzt. Bildungsprojekte, die vor dieser Phase ins Leben gerufen wurden, werden ausgeweitet. Interessant ist das zunehmende Interesse an der Einbeziehung von Männern, was an Publikationen wie *Mama lernt Deutsch – Papa auch* (ehedem *Mama lernt Deutsch*) oder in der Zusammenarbeit mit der katholischen Kirche ersichtlich wird. Dies veranlasst hier zu keinen Schlussfolgerungen, erscheint aber vor dem Hintergrund der Aussage, dass männliche Migranten aufgrund von Arbeit mit deutschen Kollegen schneller die Zielsprache Deutsch erlernten, unstimmig gemäß *Kriterium 4*. Es besteht Grund zu der Annahme, dass sich das Bild von Männern oder gar das von männlichen Migranten verändert hat. Ein modernes aristokratisch Moment kann im Anflug in Form der Wahl von erfolgreichen Werbeträgern im Rahmen der Kampagne „Welches Ziel hast du?" identifiziert werden. Es kann allerdings nicht ausgeschlossen werden, dass die handelnden Akteure nicht die Intention besaßen, ihm zu Auftrieb zu verhelfen. Ein naturalistisches Moment darin zu sehen, erscheint überstürzt.

8.5. Analyse *des Integrationskonzepts 2010 – Vielfalt bewegt Frankfurt Integrations- und Diversitätskonzept für Stadt, Politik und Verwaltung. Grundsätze Ziele Handlungsfelder* (2010)

Das Integrationskonzept ist eine Reaktion auf Vorwürfe seitens des Neuen Realismus, was am Aufgreifen von Vorwürfen aus dem medialen Diskurs ersichtlich wird. Es ist hingegen keine auf Sarrazins Werk. Ferner wird sich nicht auf Studien berufen, deren Inhalt überprüft werden könnte. Die Ausführungen im Integrationskonzept sind im Vergleich zu denen Sarrazins nicht lautstark oder auf das Aussprechen einer angeblich unausgesprochenen Wahrheit fixiert. Es ist ein Konzept und demnach anders strukturiert, was eine Gegenüberstellung nur teilweise ermöglicht, da seine Inhalte sonst verzerrt wiedergegeben würden. Biologistische Figuren gemäß *Kriterium 11* sind nicht vorhanden, man ist gemäß *Kriterium 1* um Inklusion bemüht und Integration wird im Sinne von *Kriterium 8* explizit nicht verordnet. (MAGISTRAT DER STADT FRANKFURT 2010:10) Dennoch finden sich Berührungspunkte bzgl. der Ambition der Nutzensteigerung bzw. -maximierung aus einer Kreativitäts-Dialektik heraus, die an Sarrazins Verständnis von ‚Fortschritt' und ‚Innovation' erinnert. Kreativität stellt im Konzept im Sinne eines geistigen Potenzials aller Menschen, einen Platzhalter für ökonomisches Verständnis dar und erinnert im Anflug an Sarrazins Ausführungen über ‚Intelligenz'. Dies schlägt sich *in toto* in einem netzwerkkapitalistischen Gesellschaftsverständnis nieder, das im Anflug Zuge darwinscher Metaphorik aufweist. Kurz, Märkte und Wirtschaft nehmen keinen geringeren Stellenwert als bei Sarrazin ein. Potenziale der in sie eingebundenen Subjekte sind entscheidend für Teilhabe. Diese Qualitäten treten jedoch anderweitig zu Tage und das *AmkA* ist grundsätzlich – anders als Sarrazin – bestrebt,

Märkte und Wirtschaft mittels Projekten für möglichst weite Teile der Stadtgesellschaft zu öffnen.

Zu möglichem Ausschluss kommt es mit der verschleiernden Kreativitäts-Dialektik, in deren Rahmen Zugehörigkeit von der Teilhabe an einem konstruierten, quasi-religiösen Netzwerk abhängt. Entscheidend für diese Studie ist derweil, dass Migrantinnen und Migranten zwar weiterhin als besondere Personengruppen thematisiert werden, das Konzept aber auf die Inklusion aller Subjekte ausgelegt ist. Es heißt: „Integrationspolitik ist keine 'Ausländerpolitik'." (MAGISTRAT DER STADT FRANKFURT 2010:5). Insofern kann es kaum mehr als ‚multikulturelles' Konzept verstanden werden, da es andere Schwerpunkte als diejenigen besitzt, die in Kapitel 1 aufgeführt werden, und stellt insofern ein Novum in der Frankfurter Integrationspolitik dar. Elemente einer Politik der Differenz sind zwar vorhanden, verlieren aber an Bedeutung oder besitzen ihren eigentlichen Ursprung in früheren Phasen der Anstrengungen des *AmkA*. Die Analyse von intensivierenden Worten und Heckenausdrücken führt indes zu keinen fruchtbaren Erkenntnissen, da sie kein stilistisch auffallendes Element der Rhetorik sind. Das kollektive *Wir*-Verständnisses und Wahrheitswerten sind im Konzept dagegen umso auffälliger. Sprich, die Rhetorik des Konzeptes zielt weniger auf Emotionalisierung ab, sondern setzt am Verstand seiner Adressatinnen bzw. Adressaten an. Die Auseinandersetzung mit den Pronomina sowie mit Wahrheitswerten in bestimmten Textpassagen tragen aber zur Entschleierung der Ausschlussmechanismen bei und erfahren hier demnach gesteigertes Interesse.

Besonderes Augenmerk ist dem Umstand beizumessen, dass es sich zwar um ein kommunales Konzept handelt, die Stadt Frankfurt aber in einen deutlich umfassenderen Kontext eingebunden ist (i.e. Land, Bund, EU, Völkerrechtskonventionen etc.). (MAGISTRAT DER STADT FRANKFURT 2010:5, 19, 39) So heißt es explizit: „[Die Stadt Frankfurt leiten] die faktischen Möglichkeiten von Kommunalpolitik. Frankfurt hat das geltende Bundes- und Landesrecht, europäisches Recht, internationale Konventionen und Vereinbarungen zu beachten. Als Kommune kann Frankfurt im Rahmen von Bundes- und Landespolitik Zuwanderung und Integration nur bedingt [selbstständig] steuern." (MAGISTRAT DER STADT FRANKFURT 2010:5) Auch ist das Konzept implizit von der Prämisse „Fordern und Fördern" durchzogen. Diese vor allem bundespolitische Note wirkt jedoch wie eine Reaktion auf die geltenden Bestimmungen, nicht als wolle man dem Slogan attestieren, er bedinge ein *gutes Leben* in einer pluralistischen Gesellschaft. Beispielsweise heißt es, man zeige sich bemüht, Entscheidungsspielräume zu nutzen, wo es das Recht ermögliche. (MAGISTRAT DER STADT FRANKFURT 2010:6) Unterschiedliche Interessenlagen von Kommunen,

Ländern und dem Bund, sind allerdings keine Seltenheit. Es erscheint daher nicht abwegig, den Gehalt des Konzeptes mit den notwendigen Einschränkungen auf Kommunen, die eine vergleichbare Größe und Infrastruktur sowie heterogene Bevölkerung besitzen und in den selben Kontext eingebunden sind, ausdehnen zu können, selbst wenn das Konzept im Zweifelsfall nur die Stadt Frankfurt betrifft.

Schlussendlich ist von Bedeutung, dass das Amt für multikulturelle Angelegenheiten laut eigener Angaben unzureichend besetzt ist. (N. N., *Frankfurter Rundschau*, 3. Februar 2011) In der Folge ist davon auszugehen, dass Ziele, die formuliert werden, nur hinreichend umgesetzt werden können. Integrationsdezernentin Eskandari-Grünberg bekleidet das Amt außerdem nur in ehrenamtlicher Funktion. (N. N., *Frankfurter Rundschau*, 3. Februar 2011) Somit kann vorweg nahtlos an die von Lüken-Klaßens (2008) vorgebrachte Kritik angesichts der Einflussmöglichkeiten des Amtes sowie Kipfer und Keils (2002) Feststellung von Unterbesetzung am Beispiel Toronto angeknüpft werden. In Anlehnung an Miyoshi könnte die medienwirksame Strahlkraft der Öffentlichkeitsarbeit daher auch in Teilen als „Alibi" verstanden werden. (MIYOSHI 1996:95 in: WILSON & DISSANAYAKE 1996) Die Handlungsspielräume und die Beeinflussbarkeit der Dinge durch das *AmkA* ist zwar nicht unerheblich, aber in Vergleich zu anderen Ämtern als gering einzuschätzen. Hinsichtlich *Kriterium 2* müssen deshalb entsprechende Einschränkungen gemacht werden.

8.5.1. Ergebnisse der Analyse des Pronomens *Wir*, Präsuppositionen und Wahrheitswerten: Ein stadtgesellschaftlicher Glaubensentwurf als Reaktion auf Neuen Realismus

Die Analyse des Pronomens *wir* bzw. *uns* sowie Präsuppositionen gewährt fruchtbare Einblicke in vielerlei Hinsicht. Das Konzept ist ohne jeden Zweifel ein Gegenentwurf zu Kritik seitens des Neuen Realismus im vergangenen Jahrzehnt. Sprich, die Vorwürfe, Multikulturalismus leiste der Entstehung einer *Parallelgesellschaft* Vorschub, er versperre sich gemeinsamer Werte, verschließe die Augen vor Problemen und fördere verwerfliche Praktiken, werden aufgegriffen. Dass Multikulturalismus ein Nährboden für Terrorismus wäre, wird nicht direkt aufgegriffen, allerdings werden der Kontakt zu religiösen Gruppen thematisiert und Praktiken, die nicht mit der Rechtsordnung vereinbar sind, abgelehnt. Dies wird als impliziter Aufgriff verstanden, da ein Verweis auf die Rechtsordnung nur dann plausibel erscheint, setzt man Gesetzesbrüche voraus (+). Die folgende Passage illustriert die gesteigerte Bedeutung der Rechtsordnung und ihren Zusammenhang mit dem kollektiven Selbstverständnis:

> „Die Grundlage <u>unserer</u> Rechtsordnung - was sie regelt und was nicht, was sie von allen Einzelnen verlangt und welche Freiheiten sie schützt - ist allen zu vermitteln und von allen zu akzeptieren. Die Vielfalt unterschiedlicher Biographien, Berufsbilder und Lebensentwürfe, von gemischten Gemeinschaften, vielschichtigen Kontakten und Zugehörigkeiten wird in <u>unserer</u> Stadt nicht abnehmen. Doch es bleibt <u>unsere</u> Aufgabe, <u>unsere</u> Beziehungen so anzulegen, dass sie in größere Achtung voreinander einmünden, dass soziale Schranken, die auf Uninformiertheit und mangelndes Vertrauen zurückzuführen sind, überwunden werden können. <u>Unsere</u> Aufgabe heißt nicht nur Begegnung und Kooperation, sondern eine genauere gegenseitige Wahrnehmung, ein besseres Verständnis für komplexe Situationen und der Abbau persönlicher, struktureller, mittelbarer und unmittelbarer Benachteiligung. Dabei ist nicht nur die Stadtpolitik gefragt, sondern nicht zuletzt: jede und jeder Einzelne in ihrem und seinem Alltag."
> (MAGISTRAT DER STADT FRANKFURT 2010:4, bearbeitet)

Wie die Passage zeigt, ist man gemäß *Kriterium 1* um Inklusion bemüht. Benachteiligung soll überwunden werden. Aufschlussreich ist, dass eine Aufgabe formuliert wird, die die ‚Wahrnehmung' der Bevölkerung Frankfurts verändern soll. Integration wird sozusagen als eine Mission verstanden, was an ein Projekt Gläubiger im Sinne des Aufbruchs in ein *gelobtes Landes* erinnert. Taylors Ausführungen würden eine Verbindung zum Christentum nahelegen (TAYLOR 2009:49), die Allegorie lässt im weiteren Verlauf des Konzeptes jedoch keinen eindeutigen Bezug zu einer bestimmten Weltreligion zu. Die dennoch vorhandene, quasi-religiöse Qualität wird ebenso in der nachfolgenden Passage deutlich, in der abgesehen von einem Plädoyer für eine gemeinsame Wahrnehmung Aufbruchstimmung erzeugt wird, zumal sich vorweg von verblümten Bildern im Sinne der Kritik an Multikulturalismus distanziert wird, gemeinsame Werte angestrebt und Förderung wie im Slogan „Fordern und Fördern" akzentuiert werden.

> „Wir alle, Politik, städtische Partner, Bürgerinnen und Bürger, haben uns dabei auf eine gemeinsame Wahrnehmung der Situation in unserer Stadt zu verständigen, ohne Schönfärberei, aber auch offen für die städtische Gesamtsituation als die einer höchst pluralen, dynamischen und vielschichtigen Gemeinschaft, die sich in ständiger Bewegung befindet. [... Hürden] gilt es zu überwinden. Gemeinsamkeit drückt sich nicht nur in einer geteilten Weltsicht und gemeinsamen Werten aus, sondern auch in einer gleichwertigen Teilhabe am gesellschaftlichen Leben, im Beruf sowie als Bürgerinnen und Bürger. Eine solche Partizipation ist indes nicht einfach vorauszusetzen, sondern gezielt zu fördern. Bei der Förderung von Chancengleichheit und Gleichberechtigung verschiedener Gruppen in einer pluralen Gesellschaft haben Politik und Verwaltung viele Aspekte zu berücksichtigen und ggf. differenziert vorzugehen. Integration heißt Begegnung. Dafür müssen wir alle uns bewegen. Manchmal wäre es einfacher und weniger konfliktbehaftet, einander aus dem Weg zu gehen. Doch dies ist der erste Schritt, sich aus den Augen zu verlieren und getrennte Wege zu gehen." (MAGISTRAT DER STADT FRANKFURT 2010:6, bearbeitet)

Der Ansporn nur „ggf. differenziert vorzugehen" MAGISTRAT DER STADT FRANKFURT 2010:6) veranschaulicht, dass eine Politik der Differenz nur in Teilen oder evtl. gar nicht vorhanden ist. Das *AmkA* nimmt kurz darauf Abstand von der seitens des Neuen Realismus vorgebrachten Kritik des Leugnens oder Verschleiern von Problemen. Mit Berufung auf die Rechtsordnung geht die Ambition des Nutzens von Potenzialen, Effizienzsteigerung sowie Erfolgsstreben daraus hervor. Kurzum, der Glaubensentwurf geht mit konkreten Absichten einher und ist daher nicht wertneutral:

> „Unsere Rechtsordnung garantiert grundlegende Freiheiten. Wir wollen in der wachsenden Vielfalt unserer Bevölkerung nicht nur Probleme, sondern zusätzliche Chancen erkennen. Wir müssen Probleme lösen, Potenziale nutzen sowie allen faire Chancen garantieren. Dazu gehört, dass wir Probleme offen beschreiben und thematisieren. Unser erfolgreiches Zusammenleben als ein städtisches

Gemeinwesen verlangt ein umfassendes und genaues Verständnis für neue Entwicklungen, für bestehende Rechte und Pflichten, Lebenssituation und Zugehörigkeitsgefühle von Einzelnen und von Gruppen. [...] <u>Wir</u> gewinnen so auch eine Grundlage für eine genauere Entscheidungsfindung und effizientere Maßnahmen von Stadtpolitik, Verwaltung und Kooperationen." (MAGISTRAT DER STADT FRANKFURT 2010:6, bearbeitet)

An diesem Punkt kann entsprechend *Kriterium 7* von teleologischem und normreguliertem Handeln in Hinblick auf Gewinnstreben ausgegangen werden. Erhellend erweist sich, dass die ‚Vielfalt der Gesellschaft' und ‚erfolgreiches Zusammenleben' mit Possessivpronomen in Verbindung stehen, was auf ein Verständnis von Besitz hindeutet. Da die *Wir*-Token vage sind, bleibt aber im Verborgenen, wer genau Besitzansprüche an der ‚Vielfalt der Gesellschaft' für sich vorhanden glauben könnte. Wie zuvor, wird erkennbar, dass ‚Vielfalt' nicht nur als ein deskriptives Moment verstanden wird, sondern Hand in Hand mit Erfolgsstreben geht.

Der präsuppositive Trigger *bemerken* in Verbindung mit den Pronomen *wir* bzw. *uns* leitet an späterer Stelle über zu einer Wahrheitskonstruktion *in puncto* Nächstenliebe, die den quasi-religiösen Gehalt der Beweggründe abermals aufzeigt: „Bei genauerem, vorurteilsfreiem Hinsehen oder in Folge von Begegnungen werden <u>wir</u> <u>bemerken</u>, dass es anderen, die <u>uns</u> zunächst fremd schienen, auf ihre eigene Weise vielleicht durchaus ähnlich geht wie <u>uns</u> selbst." (MAGISTRAT DER STADT FRANKFURT 2010:24, bearbeitet) Im unmittelbaren Anschluss übernimmt Produktivität erneut einen hohen Stellenwert: „Die vielfachen und zum Teil engen Bezüge <u>unserer</u> Nachbarn in alle Welt sollen für <u>unsere</u> Stadt und für <u>unser</u> gemeinsames Selbstverständnis als Frankfurterinnen und Frankfurter produktiv werden können." (MAGISTRAT DER STADT FRANKFURT 2010:24, bearbeitet) Die Bevölkerung Frankfurts als Ganzes ist somit in einen auf Produktivität ausgerichteten, wirtschaftsgläubigen Plan verstrickt. Von einer *Parallelgesellschaft*, die sich daran vermutlich nicht beteiligen würde, wird sich distanziert; *Wir* haben Arbeit zu verrichten:

„Gefühlte, wahrgenommene und tatsächliche 'Parallelgesellschaften' sollen verhindert werden. Dabei ist zwischen selbst gewählter und unfreiwilliger Segregation zu unterscheiden: Sog. 'ethnische' Segregation ist häufig nicht die Ursache, sondern eine Auswirkung sozialer Benachteiligungen oder eine Folge der Lage auf dem Wohnungsmarkt. [...] Information und die Unterstützung von Begegnung können dazu beitragen, dass andersgläubige Menschen einander offen begegnen und sich nicht in verschlossene Räume zurückziehen. Von den Religionsgemeinschaften erwarten wir Respekt gegenüber einem andersgläubigen Umfeld und dem neutralen öffentlichen Raum und seiner gewachsenen sozialen Struktur und Geschichte. Da Begegnungen in der Nachbarschaft weitergehende Kontakte oft nur bedingt befördern oder beeinflussen, haben wir diese Arbeit gezielt um gesamtstädtische Ansätze in allen Handlungsfeldern zu ergänzen." (MAGISTRAT DER STADT FRANKFURT 2010:47, bearbeitet)

Unklar bleibt in Hinblick auf die Textpassage, was eine *gefühlte* oder *wahrgenommene Parallelgesellschaft* ist – entweder sie ist vorhanden oder nicht. Vieles deutet darauf hin, dass sie es nicht ist. (HALISCH 2008:60) (RONNEBERGER; TSIANOS 2008:145 in: HESS et al. 2008:137-153) Es liegt daher nahe, dass polarisiert wird. Aufschlussreich an dieser Passage ist vor diesem Hintergrund das Einfordern von Respekt seitens eines *andersgläubigen Umfeldes* bei zeitgleicher Konstruktion der Existenz eines *neutralen öffentlichen Raumes* auf Grundlage eines Wahrheitswertes. In Wirklichkeit existiert ein derartiger Raum nicht, selbst wenn die Rechtsprechung sich um Neutralität bemüht zeigt. Eine moderne, ‚westliche' oder gar kapitalistisch geprägte Weltanschauung ist schließlich eine bestimmte (TAYLOR 2009:49), selbst wenn konkrete Bezüge zum Christentum nicht vorliegen. Man ist in dem Konzept also blind für die eigene Ideologie, die an anderen Stellen im Sinne von *Kriterium 14* zum Vorschein kommt. Die Existenz eines *andersgläubigen Umfeldes* impliziert außerdem, dass *wir* an etwas anderes als dieses Umfeld glauben (+), was angesichts Neutralität ohnehin einem performativen Widerspruch im Sinne von *Kriterium 4* entspräche, da jedwede Weltanschauung Neutralität zuwiderläuft. Man ist versucht, darin zum einen, einen verschleierten Ausschlussmechanismus zu erkennen, zum anderen, kommt die quasi-religiöse Qualität des Konzeptes in vollem Umfang zum tragen. Ausschluss betrifft explizit keine spezielle ethnische Gruppe, obwohl *unsere* Werte oder Standpunkte (als Europäer, Deutsche, respektive Frankfurter etc.) ansonsten gleichermaßen zum Ausdruck kommen, wie im Fall von Alltagsrassismus. Angesichts der vorhandenen Erfolgsmaximen im Konzept kann indes nicht ausgeschlossen werden, dass es sich um eine sinnverwandte Ausprägung von modernem

Eliten-Rassismus handelt, welcher sich nach van Dijk dadurch auszeichnet, dass die Existenz von Rassismus geleugnet wird. (VAN DIJK 1998:285) Dafür spricht, dass Ausländer in aller Regel eine Minderheit in nationalen Wirtschaftseliten darstellen. (HARTMANN 2011:83 in: KOPPETSCH 2011:79-98) Dagegen sprich, dass dies den Verantwortlichen für das Konzept nicht bewusst sein könnte, weil es sich um einen weit verbreiteten Irrtum handelt, von zunehmender Transnationalisierung der Wirtschaftseliten auszugehen. (HARTMANN 2011:80f. in: KOPPETSCH 2011:79-98) In jedem Fall wird die Stadt aber als gemeinsames Projekt verstanden, was aufgrund weit-reichenderer Konsequenzen im nächsten Teil separat besprochen werden wird.

Wie dem auch sei, unterstellt man Wirtschaftsgläubigkeit, ergibt sich ein weiterer performative Ungereimtheiten, zieht man folgende Aussage zu der Identitätskonstruktion von *uns* hinzu: „Das innere Leben von Religionsgemeinschaften ist jedoch kein rechtsfreier Raum." (MAGISTRAT DER STADT FRANKFURT 2010:61, bearbeitet) Bei dieser Feststellung bleibt offen, wer genau in die übergeordnete, weit reichende Kategorie ‚Religionsgemeinschaft' fällt (CRUSE 2004:127-140), obwohl man aufgrund des medialen Diskurses annehmen könnte, es ginge um den Islam. Streng genommen, könnte die von Brunckhorst beobachtete Ausbildung von Ähnlichkeiten der Organisationsstrukturen von Regierungen (BRUNKHORST 2009:112) ebenfalls als Resultat eines quasi-religiösen Impetus verstanden werden. Letzten Endes wäre der Glaube an ein derartig verfasstes System von keiner anderen Qualität als der Glaube an ein anderes. Religion in zynischer Manier einzig und alleine als Quell der Willkür und Gesetzesbrüche auszulegen, während sich Politik und Staat angeblich ausschließlich mustergültig verhielten, gründet in einem statischen Verständnis von Religion, Recht und Unrecht. Tatsächlich unterliegt Recht ständiger Neuerungen und ist teilweise umstritten, teilweise unumstritten. Ebenso kann Religion zwar unterdrückende Qualitäten inne haben, sie kann aber auch Ausgangspunkt demokratischer Bewegungen sein. (SLOTERDIJK 1983:355f.) Soll heißen: Alle Bereiche des Lebens, die von geteilten Glaubensmaximen begleitet werden, können sich nicht vom Geltungsbereich des Rechts oder der Moral freisprechen. Im Extremfall feit selbst der Glaube in einen demokratischen Rechtsstaat nicht davor, dass er aus sich heraus für Gesellschaftsfeindliches missbraucht werden kann, obwohl es freilich nicht so sein muss.

Identität stiftende Momente verdichten sich an anderer Stelle in Form eines kollektiven Ziels der Wertschöpfung mittels Anerkennung von berufsbezogenen Abschlüssen. Schließlich können Abschlüsse nutzbar für die eigene Ökonomie gemacht werden. Das Pronomen *wir* bzw. *uns* ist im folgenden Beispiel aber vage. Es könnte das *AmkA* sein, aber ebenso gut für die Bevölkerung Frankfurts oder der gesamten Bundesrepublik stehen:

> „Eine wichtige Voraussetzung künftiger Maßnahmen ist eine verbesserte Datenlage zur Situation und Teilhabe unterschiedlicher Bevölkerungsgruppen am Frankfurter Arbeitsmarkt, von internationalen Unternehmen und den Leistungen der sog. 'ethnischen Ökonomie'. Dazu benötigen wir die Unterstützung von Landes- und Bundesbehörden, Kammern und Wirtschaftsverbänden. Wir wollen uns in gleicher Weise um Hilfe bei der formellen und informellen Anerkennung ausländischer Abschlüsse bemühen, z.B. durch die Unterstützung einer lokalen Kommunikationsplattform für Bildungssysteme, Abschlüsse, Berufszuschnitte anderer Länder. Die Vernetzung städtischer Einrichtungen mit ausländischen Unternehmerverbänden, mit internationalen 'business communities' und anderen Bevölkerungsgruppen und mit der allgemeinen Öffentlichkeit ist weiterhin zu befördern, um ein stärkeres Bewusstsein für die Vielfalt der Angebote und für die Qualifikationen und Kompetenzen der Bevölkerung am Standort Frankfurt zu schaffen."
> (MAGISTRAT DER STADT FRANKFURT 2010:56, bearbeitet)

Begrifflichkeiten wie ‚ethnische Ökonomie' verkörpern unzweifelhaft die Intention der Nutzensteigerung oder -maximierung durch Ethnien. Wie auch bei Sarrazin geht es hier nicht um ganzheitliche Bildung, sondern formal erfassbare. Ungeachtet des Umstands, dass die Transnationalisierung von Wirtschaftseliten eher ein Mythos ist (HARTMANN 2011:80f. in KOPPETSCH 2011:79-98), deuten internationale ‚business communities' derweil semantisch auf ‚Gesellschaften' in der Stadtgesellschaft hin, welche über Stadt- und Landesgrenzen hinaus existieren und agieren. Dies bringt den wirtschaftsliberalen Gehalt des Konzeptes zum Ausdruck, es bleibt aber unklar, um wen genau es sich dabei handelt. Vermutlich ist es die Belegschaft innerhalb von transnationalen Unternehmensstrukturen, nicht eine Gesellschaft im Sinne einer Stadtbevölkerung. Unbeantwortet bleibt obendrein, inwieweit die o.g. Eliten zu dieser Gruppe zählen könnten. Mit Sicherheit handelt es sich um ein diffuses Netzwerk mit exklusiven Charakter, da internationales Agieren für weite Teile der Stadtgesellschaft keine gängige Praxis ist. Anders als bei den besagten Eliten, erschöpft sich ihr Handeln in vielerlei Hinsicht auf Lokales und/oder Regionales. Außerdem ist in Hinblick auf die ‚business communities' widerspruchsvoll, dass diese zwar Zugang zum Rest der lokalen Gesellschaft haben sollen, Subjekte, die ihnen nicht angehören, aber ohne Weiteres keinen Zugang in ihre abstrahierte und unübersichtliche ‚Gesellschaft' (HARTMANN 2011:80-83 in KOPPETSCH 2011:79-98) gewährt bekommen dürften. Dies ginge in logischer Konsequenz einher mit einem mehrfachen Stimmrecht der ‚business communities' oder Eliten, je nachdem inwieweit andere Standorte, respektive Metropolregionen, sich ihnen verpflichtet fühlen. Sprich, eine business community besitzt u.U. zeitgleich Stimmen in bspw. Paris oder London, obschon es die Frankfurter Stadtgesellschaft nicht tut. Folglich besteht ein Machtungleichgewicht zu Gunsten dieser wie auch immer gearteten, illustren ‚Gesellschaft'.

Ganz gleich, wer genau sich hinter internationalen ‚business communities' verbirgt, in Anlehnung an Habermas können Geld und Macht aufgrund ihrer gesellschaftlichen Institutionalisierung durch das Recht das beste Argument überschatten. Daher kann nicht die Rede davon sein, alle o.g. Akteure interagierten unter den gleichen Voraussetzungen miteinander. (ISER & STRECKER 2010:101-103) Ein Ungleichgewicht in Bezug auf Einblick in die Welt des Anderen deutet entsprechend *Kriterium 12* nicht auf pragmatische Auseinandersetzung unter Gleichen hin. Macht und Geld ermöglichen es international agierenden Akteuren, sich aus lokalen Kontexten zurückzuziehen. Sie können sich deshalb der Findung eines Konsens gemäß *Kriterium 9* verweigern, indem sie schlicht nicht anwesend sind oder sich anderen Standorten zuwenden, aber im Sinne von *Kriterium 6* in monologischer Manier Forderungen an örtlich gebundene Subjekte oder den Standort Frankfurt formulieren.

Unterm Strich zeichnet sich im Konzept somit ein Wandel hin zur Ambition der Wertschöpfung mittels multinationaler Elitenrekrutierung ab. Obwohl es zu Machtungleichgewichten kommt, kann vor dem Hintergrund immer noch vorhandener Projekte zur Unterstützung und Einbindung von sozio-ökonomisch benachteiligten Gruppen aber nicht mit Sicherheit davon gesprochen werden, dass Elitenrekrutierung diese ablöse. Letztendlich kann nur die Zukunft zeigen, ob vereinzelte Impulse wie die Einstellung von Schulungen der Polizei (NAPAP), die auf eine solche Ablösung hindeuten, sich häufen. Ein wirtschaftsliberaler Duktus hat hingegen zweifellos Einzug erhalten. Die Bedeutung von Nützlichkeit von Zuwanderinnen und Zuwanderern für das System wird in Weichenstellungen der Stadtpolitik sichtbar.

8.5.2. Weitere Ergebnisse der Analyse des Pronomens Wir – Eine Kreativitätsdialektik als Wegbereiter des normativen Wandels

Im vorherigen Teil wurde ein Ungleichgewicht hinsichtlich des Einflusses von internationalen ‚business comunities' auf der einen und der Stadtgesellschaft auf der anderen Seite aufgezeigt. Einige *Wir*-Token setzen darauf aufbauend einen speziellen Akzent, welchem sich hier gesondert angenommen wird. Grund dafür ist, dass das System an Einfluss in Bezug auf *unser* Privates, gar *unser* ganzes Leben, gewinnen soll. In der folgenden Passage werden in Verbindung mit den Pronomen multinationale Akteure, Erwerbstätige im Allgemeinen und die Wohnbevölkerung erneut als Gleiche verstanden. Derweil wird der Weg für Umfassenderes, Eingriffe ins Private, geebnet:

> „Auch als globales Wirtschaftszentrum ist Frankfurt nicht allein ein Ort der großen multinationalen Unternehmen, Banken, Kanzleien und Wirtschaftsvertretungen, sondern in gleicher Weise auch ein Standort von mittelständischen Unternehmen aus der Einwanderungsgesellschaft, die ebenfalls in transnationalen Beziehungen von Handel und Dienstleistungen stehen. Auch Kultur und Alltagskultur sind internationaler geworden, <u>unsere</u> Nachbarschaften und <u>unser</u> eigenes Privatleben. Bei aller internationalen Geltung ist Frankfurt aber eine kleinräumige Stadt geblieben und auch in dieser Hinsicht ein Kreuzungspunkt von Lebenserfahrungen, Wirtschaftsinteressen und individueller Kreativität. Wie wenige andere Städte befindet sich Frankfurt in ständigem Umbruch – nicht nur durch die mehreren hunderttausend Pendler täglich, die vielen zehntausend jährlichen Zu- und Wegzüge oder durch eine sehr hohe innerstädtische Mobilität der Wohnbevölkerung. Auch der für Städte typische Wechsel von Trends ist in Frankfurt besonders ausgeprägt, sogar im Stadtbild."
> (MAGISTRAT DER STADT FRANKFURT 2010:3, bearbeitet)

Es handelt sich hierbei wieder um ein Feld, auf dem alle Akteure nicht gleich sind. (ISER & STRECKER 2010:58) Beispielsweise steht das Agieren einer Privatperson über das Internet in keinem Verhältnis zu dem eines transnational operierenden Unternehmens. Die Hervorhebung von ‚Kreativität' versetzt diesen Umstand allerdings mit einer ihn verschleiernden Logik. Kreativität ist ein dehnbarer Begriff, der nicht nur auf Kunstwerke beschränkt sein muss. „Sie gehört zum Lebendigsein." (WINNICOTT 1973:80 in CLEMENS 2003:138) Dieses Verständnis kommt im Konzept häufiger zum tragen. So heißt es explizit: „Integration muss im Alltag gelebt werden[.]" (MAGISTRAT DER STADT FRANKFURT 2010:7) Spannend ist dies, richtet man das Augenmerk auf die Qualität des „Kampf[es] um's Leben" in der darwinschen Metaphorik, auf die Nietzsche aufmerksam wurde und sie Machtbestrebungen zuordnete. (NIETZSCHE 1888:120 in: SARASIN 2009:83) Konsequenterweise kommt es zu semantischen Überlappungen im Konzept und in Darwins Metaphorik, was aber nicht heißen soll, die Metapher wäre infolgedessen besser geeignet, die Wirklichkeit zu beschreiben, als sie es jemals war. Die Überlappungen deutet dennoch auf ein kulturelles Artefakt in einem umfassenderen Entwurf des kollektiven Selbstverständnis hin, in dem Machtverhältnisse von zentraler Bedeutung sind.

Verschleiernd mutet der Gesichtspunkt ‚Kreativität' an, reichert man das o.g. Moment der Gleichheit mit Exklusivrechten an, die im Konzept an anderen Stellen aufgegriffen werden. Beispielsweise kommen Urheberrechte ins Spiel, was die ökonomische Durchsetztheit der tragenden Ideologie zu verdeutlichen vermag:

> „Bauherren und Architekten, die für Bauten und öffentliche Platzgestaltungen ein Urheberrecht geltend machen können, sind für unterschiedliche Sichtweisen und Ansprüche zu sensibilisieren. In Kooperation mit Eigentümervereinen und Mietervertretungen wollen wir unterschiedliche Bevölkerungsgruppen über Wohngelegenheiten, unterschiedliche Stadtteile, aber auch rechtliche Regelungen informieren." (MAGISTRAT DER STADT FRANKFURT 2010:46)

Der Wahrheitswert des Aussagesatzes *Bauherren und Architekten, die für Bauten und öffentliche Platzgestaltungen ein Urheberrecht geltend machen können, sind für unterschiedliche Sichtweisen und Ansprüche zu sensibilisieren* legt offen, Bauherren und Architekten – ergo nur bestimmte Personenkreise – können Urheberrechte geltend machen (+). ‚Kreativität' wird folglich als Ressource verstanden, welche Wertschöpfung ermöglicht, was an Sarrazins Ausführungen über ‚Innovation' bzw. ‚Fortschritt' erinnert, wenngleich kein konkreter Bezug zu Naturwissenschaften besteht. Allenfalls könnte von dem Erzeugen bezifferbarer Werte gesprochen werden, die die Existenz zu sichern versprechen. Dass Rechte an kreativen Leistungen unterschiedlichster Art veräußert werden können, übernimmt derweil die Funktion der Verschleierung von Machtverhältnissen. Kurzum, im Sinne von *Kriterium 17* muss Anerkennung von kreativen Leistungen nicht notwendigerweise mit materieller Erfüllung der Urheberin bzw. des Urhebers einhergehen. Es spielt eine entscheidende Rolle, welche Funktion Subjekte oder Akteure in der Verwertungskette einnehmen. Einige Akteure können beispielsweise die Akkumulation vieler einzelner Leistungen für sich nutzen und dadurch u.U. deutlich höhere Gewinne generieren als andere.

Das Kreativitätsverständnis bleibt an diesem Punkt aber nicht stehen. ‚Kreativität' ist im Konzept nicht bloß auf Urheberrechtsansprüche beschränkt, sondern erfasst alle Bereiche des Lebens, die für Wertschöpfung an sich ausschlaggebend sein können. Erwerbsbiographien und Formen des Zusammenlebens werden mit Kreativität in Relation gesetzt, sodass das Verständnis von ihr bis in die Lebenswelt aller Subjekte hineinwirkt:

> „Rund die Hälfte der Frankfurter Haushalte sind Einpersonenhaushalte, etwa zwölf Prozent sind Paare mit Kindern. Das klassische Bild der 'Zwei-Kinder-Familie' wie auch das gängige Klischee einer Großfamilie von Migrantinnen und Migranten entsprechen nicht mehr der in Frankfurt typischen Realität. Dass sich nachfolgende Generationen aus gewohnten Zusammenhängen lösen, ist für sie selbst und ihr Umfeld bisweilen schwierig. Wir wollen dazu beitragen, dies als normalen Vorgang zu verstehen und sich verändernde Bedürfnisse unserer Einwohnerinnen und Einwohner berücksichtigen: In Städten prägen sich neue und unkonventionelle Formen des Zusammenlebens und gemeinschaftlichen Wohnens früher und besonders aus. Deswegen sind Städte attraktiv für kreative Milieus, um deren Innovationskraft und Leistungsfähigkeit Frankfurt mit anderen Standorten in Deutschland und international konkurriert. Besonders jüngere Generationen stellen neue Erwartungen an Berufswege und Lebensgestaltung, auf die wir uns einzustellen haben. Auch der wirtschaftliche Wandel befördert und erzwingt flexible und unterbrochene Erwerbsbiographien, die in der Stadtentwicklung, Bildungs-, Arbeitsmarkt- und Sozialpolitik zu berücksichtigen sind."
> (MAGISTRAT DER STADT FRANKFURT 2010:61)

Es ist aus diesem Kontext nicht eindeutig nachvollziehbar, welche Lösung aus einem gewohnten Umfeld in ein anderes ein *normaler* Vorgang ist und inwieweit dies in Relation zu kreativen Milieus sowie flexibleren und unterbrochenen Erwerbsbiographien steht. Ein performativer Widerspruch (*Kriterium 4*) besteht jedoch in der Suggestion, das Verharren in einem *gewohnten Umfeld* sei nicht normal. Will heißen: Normativ ist richtig, dass etwa die Ambition der Gleichstellung der Geschlechter – von welcher hier nur ausgegangen werden kann – in Bezug auf einen nach Honneth in Verbindung mit Liebe stehenden Wertehorizont der Anerkennung bedarf. Es wäre aber aufgrund einer zu vereinheitlichten Sicht auf das Miteinander der Menschen, respektive der Geschlechter, unverhältnismäßig, diesen Wunsch nach Anerkennung bedingungslos vorauszusetzen und dahingehend im Sinne von *Kriterium 6* monologisch zu argumentieren. *A priori* können Interessenlagen innerhalb jedweder Gruppe sehr unterschiedlich sein. Im Dialog gibt es daher keine absoluten Antworten, die nicht streitbar sind oder sich sogar wandeln könnten. Mit Sicherheit auf normativer Ebene streitbar ist davon abgesehen, zu schlussfolgern es handele sich um eine von allen Diskursteilnehmerinnen und -teilnehmern, gar einer nachfolgenden Generation, geteilte Präferenz keine Mehrkindfamilie zu haben, sich primär als einzelne/r Kreative bzw. Kreativer zu verstehen und obendrein Brüche in der Erwerbsbiographie zu besitzen. *A priori* ist nicht weniger wahrscheinlich, dass systembedingte Flexibilisierung auf dem Arbeitsmarkt und damit einhergehende unterbrochene Erwerbsbiographien das Leben in derartigen Familienkonstellationen erschweren, und es häufiger nötig ist oder sein wird, sich vielleicht auch in kreativer Hinsicht umzuorientieren. Eine Umdeutung des Normativen alleine führt hingegen zu einem Problem, da die Funktionslogik des Systems damit in „die Lebenswelt eindring[t] und das dort notwendige kommunikative Handeln verdräng[t]." (ISER & STRECKER 2010:103) Mit einem Wort, die Motive und Interessen einer nachfolgenden Generation werden hier lediglich unterstellt.

Die Praxis der Verknüpfung von Flexibilisierung und unterbrochenen Erwerbsbiographien mit Kreativität erinnert an die von Voß und Pongratz identifizierte Anerkennung *qua* Bezeichnung als kreativer »Arbeitskraftunternehmer«. (OPITZ 2004: Kap. 8; VOß/PONGRATZ 1989 in: HONNETH 2004:65) Bei prekären Anstellungsverhältnissen ist eine Diskrepanz zwischen evaluativen Versprechen und materieller Erfüllung gegeben, die Wertschätzung ist demnach nicht glaubwürdig und das Anstreben dieses neuen Zustandes erscheint zumindest aus Sicht von Arbeitnehmerinnen und Arbeitnehmern in Festanstellungsverhältnissen kaum sinnvoll. Die *Kriterien 17, 18* und *19* sind davon betroffen. Siebenhüter stellt zudem in einer Studie mit dem Fokus auf Süd-Bayern in der Metall-,

Elektro-, Druck- und Reinigungsindustrie fest, dass Leiharbeiter/-innen mit Migrationshintergrund aufgrund „anhaltende[r] Beschäftigung in Leiharbeit [...] den langen und fordernden Integrationsprozess erst gar nicht beginnen [können]; sie werden um ihre Teilhabechancen gebracht, und ihr Bemühen und das ihrer Familien um Integration ist von vornherein zum Scheitern verurteilt. In der Integrationsdebatte müssen daher dem politischen Mantra „Arbeit schafft Integration" permanent die realen Probleme der Arbeitswelt entgegengehalten werden." (SIEBENHÜTER 2011:83) In der Folge kann mit den notwendigen Einschränkungen von latenten Ausschlussmechanismen im *Integrationskonzept 2010* gesprochen werden, obschon diese nur mit noch erheblicheren Einschränkungen als kommunalpolitisches Moment verstanden werden können. Angesichts Flexibilisierung an sich verweist Sennett indes auf die Gefahr des ziellosen Dahintreibens, welches er als „Drift" bezeichnet. Im Sinne von *Kriterium 8* läuft dies für Subjekte der Ausbildung von Persönlichkeit zuwider, die Authentizität vorausgesetzt ist. Im Sinne von *Kriterium 11* kann das Selbstbild Betroffener geschädigt werden. Sennett schreibt: „Es strahlt in der Organisation der Wirtschaft Gleichgültigkeit aus, wo das Fehlen von Vertrauen keine Rolle mehr spielt, wo Menschen behandelt werden, als wären sie problemlos ersetzbar oder überflüssig. Solche Praktiken vermindern für alle sichtbar und brutal das Gefühl persönlicher Bedeutung, das Gefühl, für andere notwendig zu sein." (SENNETT 2011:201) Im nächsten Kapitel wird dieses Moment im Rahmen des ihm übergeordneten Themenkomplexes der ‚Kreativität' und des damit einhergehenden Netzwerkgedankens vertieft werden.

Summa summarum spricht vieles für teleologisches Handeln in Anlehnung an Habermas. Mittels einer Kreativitätsdialektik mit dem Ziel der Nutzenmaximierung werden Machtverhältnisse verschleiert. Der Duktus ist ein wirtschaftsliberaler, was zwar keine biologistischen Figuren mit sich führt, aber latent an Sarrazins Ausführungen über ‚Innovation' und ‚Fortschritt' erinnert. Letztlich akkumulieren einige Akteure oder Subjekte darin mehr bezifferbare Werte bei als andere, was hauptsächlich damit zu tun hat, *wie* man sie generiert, weniger, *ob* man es tut. Soll heißen: Entscheidend ist die Funktion in der Wertschöpfungskette. Gemäß Bilton (2007) kann sich dies in einer Hierarchie widerspiegeln, in der eine Kultur- und Medienwirtschaft verwerten, während einzelne Unternehmen und Individuen zuliefern. Idealtypisch sind beide aufeinander angewiesen. (BILTON 2007 in: THIEL 2011:111) Wie am o.g. konkreten Beispiel der Einflussnahme des Systems auf die Lebenswelt ersichtlich, kann das Resultat aber ein Machtgefälle sein. Verwerter kreativer Leistungen etwa können höhere Werte generieren, weil sich Werte vieler einzelnen Leistungen bei ihnen akkumulieren. Mit Bezug auf Habermas ist an dieser Konstruktion objektiver Wahrheit außerdem problematisch, dass Fragen der Richtigkeit in den Hintergrund rücken und es Subjekten verwehrt sein kann, sich selbst als zweckmäßig zu erleben (HABERMAS 1981[1]:130 in: ISER & STRECKER 2010:83), weil sie beispielsweise das Leben in einer Mehrkindfamilie vorziehen oder keine Ansprüche für ihre kreativen Leistungen gelten machen können. Mit Einschränkungen stellt dies insbesondere ein Problem für Leiharbeiter/-innen mit Migrationshintergrund dar. (SIEBENHÜTER 2011:83)

8.5.3. Der Netzwerkgedanke in die Stadtpolitik, seine Verwandtschaft mit darwinscher Metaphorik und potenzielle Ausschlussrisiken neuerer Weichenstellungen

Der Standort Frankfurt als ‚Global City' soll nicht nur ein kreatives Projekt, es soll ein kreatives Netzwerk aus vielen Projekten sein. Es gilt sich deshalb intensiver mit einem Netzwerkgedanken mit Akzent auf Kreativität zu beschäftigen, welcher im Konzept vielfach zum Ausdruck kommt. (MAGISTRAT DER STADT FRANKFURT 2010:4, 10, 26ff., 46ff., 52, 54, 55, 59) Es würde zu weit führen, ideologische Überschneidungen zwischen ihm und Darwins Metaphorik als deckungsgleich zu bezeichnen. Dennoch bestehen Ähnlichkeiten und die aktuellen Weichenstellungen in der Frankfurter Stadtpolitik erwecken aus der Sicht der betroffenen Bevölkerung den Anschein risikobehaftet zu sein.
In *Der neue Geist des Kapitalismus* (2003) weisen Boltanski und Chiapello auf die sozialwissenschaftliche Naturalisierung von Netzwerken hin. (BOLTANSKI & CHIAPELLO 2003:202f.) Charakteristisch für die Netzwerke ist die Austauschbarkeit der in sie gebundenen Akteure und Subjekte, respektive Arbeitskräfte, auf Grundlage von projektbasierter Arbeit. (LOACKER 2010:69; SENNETT 1998:201) Man stellt sich die Subjekte und Akteure bei der Ausübung beruflicher Tätigkeiten vor, als ob sie permanent um einen Platz in diesen Netzwerken ringen, was die Diffusität der o.g. Machtverhältnisse und Ausschlusskriterien zu erklären vermag. Sennett bezeichnete diese Netzwerke als charakterisiert von Konzentration ohne Zentralisierung, was zugleich effizient und formlos in Erscheinung trete. (SENNETT 1998:71) Unternehmen und Organisationen orientieren sich permanent an veränderten Bedürfnissen der Märkte und strukturieren sich derweil immerzu im Sinne flexibler Spezialisierung der Produktion um. (SENNETT 1998:59) Ausgeschlossene – konkret handelt sich dabei um Arbeitnehmer/-innen, die in dem Zuge immer wieder ihre Stellen verlieren – erwecken in diesem Kontext den Anschein, als wären sie aktiv für ihren Ausschluss verantwortlich oder sie handelten aus freiem Entschluss, da man von ihnen erwartet,

selbstständig von einem zu anderen Projekt zu wechseln, sollte dies der Erwerbsbiographie förderlich sein. Wie auch im Konzept wird permanente Umorientierung als kreativer Prozess verstanden, der Hand in Hand mit der Forderung nach Flexibilität seitens Arbeitgebern Anpassung an betriebliche Erfordernisse impliziert. (RITTERSHOFER 2007:246) Dies ermöglicht Anknüpfungspunkte zum *struggle for existence*. Zumal ein bestimmter Kontext, der auch für das *Integrationskonzept 2010* charakteristisch ist, dabei folgenreich ist: Der „moderne, flexible, Kapitalismus [kann] keineswegs nur auf ökonomischen Kräften des Marktes und des Profits basieren[,] sondern [er benötigt] die Mitwirkung einer großen Anzahl von Personen deren Möglichkeit, innerhalb des kapitalistischen Systems Profite zu erzielen gering sind." (BOLTANSKI & CHIAPELLO 2003:42 in: KOPPETSCH 2003:350-351) Mittel zum Zweck ist eine Einbindung flexibler Arbeitskräfte u.a. auf normativer Ebene. (BOLTANSKI & CHIAPELLO 2003:42 in: KOPPETSCH 2003:351) Wie bereits gezeigt werden konnte, sind Umdeutungen des Normativen im Konzept vorhanden. Dass die Möglichkeit des Aussortierens in Hinblick auf Einzelmaßnahmen und Projekte besteht, wird im *Integrationskonzept 2010* obendrein in Erwägung gezogen. (MAGISTRAT DER STADT FRANKFURT 2010:7) *Mutatis mutandis* kann dies zumindest als sozialdarwinistische Nuance im Sinne einer *natural selection* verstanden werden, zumal es zu weit führen würde, von Deckungsgleichheit zu sprechen.

Die Umstände in diesem Kontext erweisen sich als riskant für Betroffene, weil sie bereit dazu sein müssen, sich permanent umorientieren, um ihren Lebensunterhalt zu bestreiten. Sennett fasst den damit einhergehenden Subjektivierungsprozess wie folgt: „In der flexiblen Ordnung kristallisieren sich die Schwierigkeiten, die Gesellschaft und sich selber zu >lesen< in einem besonderen Akt: dem Akt des Risiko-auf-sich-Nehmens." (SENNETT 1998:97) Sennett verweist darüber hinaus auf den Umstand, dass in diesen riskanten Kontexten *Winner-take-All-Markets* nach Frank und Cook entstünden. (FRANK & COOK 1995 in: SENNETT 1998:119) Sprich, beim Zerschlagen von Unternehmen oder Organisationen gehen wenige mit hohen Gewinnen daraus hervor, während der überwiegende Teil der Belegschaft leer ausgeht. In der Folge verstärkt Flexibilität Ungleichheit. (FRANK & COOK 1995 in: SENNETT 1998:119) Auch Thiel greift Risiken kreativer Stadtpolitik am Beispiel Berlin auf, in dem Superstars auf der einen und prekäre Verhältnisse auf der anderen Seite existierten. (THIEL 2011:115) Dennoch hält er dafür, dass das Ergreifen von Chancen der Wertschöpfung durch Kreativität „im Kontext aktueller Positionen innerhalb der Soziologie, denen zufolge das Soziale eben nicht mehr als eigenständige, von anderen gesellschaftlichen Sphären zu separierende Domäne zu konzeptualisieren sei (Latour 2005), genauso zeitgemäß wie in der Positionierung der Soziologie gegenüber anderen Wissenschaftskulturen, besonders der Ökonomie [wäre]." (THIEL 2011:119-120) Er will dies als einen Appell an die Stadtsoziologie verstanden wissen. (THIEL 2011:106) Wie das Integrationskonzept der Stadt Frankfurt zeigt, wurde er dort bereits aufgegriffen. Eigentlich ist unterm Strich aber entscheidender, dass sich ein Wandel ankündigt, der nicht nur Frankfurt betrifft.

In Hinblick auf die Analyse nach Methoden der Kritischen Theorie ist es auf normativer Ebene (*Kriterium 4*) fraglich, ob sich die Frankfurter Stadtgesellschaft dem Risiko des Vorantreibens sozialer Disparitäten aussetzen will, welches das Verständnis einer kreativen Stadtgesellschaft mit Netzwerkcharakter mit sich führt. Auch Thiel verweist darauf, dass daraus hervorgehende Unsicherheiten in den Augen von Betroffenen nur im Teil von der Möglichkeit der Selbstbestimmtheit kompensiert wird. (MANSKE / MERKEL 2008:45 in: THIEL 2011:115) Ist man angesichts der Potenziale kreativer Stadtpolitik hingegen optimistisch, besteht die Möglichkeit der Gentrifizierung von Stadtteilen. (THIEL 2011:117) Auch dies erweist sich aus normativer Sicht als tückisch und gleichermaßen risikovoll, da die Möglichkeit des Ausschlusses *qua* Verdrängung durch steigende Mieten in Stadtteilen mit zuvor verhältnismäßig günstigen Mieten besteht. *Kriterium 5* ist davon betroffen. Von derartigen Risiken ist in dem Integrationskonzept jedoch nicht die Rede, und es wird davon ausgegangen, dass sie der Bevölkerung angesichts der verschleiernden Dialektik nur hinlänglich bekannt sind.

Eine konkrete Antwort darauf, wie beispielsweise der Verdrängung von sozial-schwachen Subjekten aus Stadtteilen im Zuge der Gentrifizierung entgegengewirkt würde, finden sich in dem Konzept streng genommen nicht, obwohl in Zuzug eine Ressource gesehen wird (MAGISTRAT DER STADT FRANKFURT 2010:2), Menschen zum Bleiben bewegt werden sollen (MAGISTRAT DER STADT FRANKFURT 2010:23) und der ‚Frankfurter Vertrag' dazu beitragen soll, für eine sozial verträgliche Belegungspolitik zu sorgen. (MAGISTRAT DER STADT FRANKFURT 2010:46) Ob diese guten Vorsätze und Mechanismen ausreichen würden, um den unterschwelligen sozialdarwinistischen Charakter einer kreativen Netzwerkideologie in Grenzen zu halten, betrifft expressive Geltungsansprüche, die zum gegenwärtigen Zeitpunkt nicht auf ihren Wahrheitsgehalt hin überprüft werden können.

8.5.4. Eine Mischform aus Liberalismus 1 und 2 als Resultat des Einflusses des Neuen Realismus

Zu guter Letzt gilt es den Fokus auf die Ausrichtung der stadtpolitischen Maßnahmen zu richten. Die Analyse von Sarrazins Duktus ergab, dass nicht eindeutig geklärt werden kann, um welches Liberalismusmodell es sich in seinem Fall handelt. Es weist Charakteristika beider Modelle und von keinem auf. Das *Integrationskonzept 2010* besitzt hingegen Charakteristika beider Liberalismusmodelle. Zum einen wird auf die Gleichheit mittels Hochschätzung des Rechts verwiesen. Im Integrationskonzept klingt das wie folgt:

> „Wer für sich und seine Familie die Entscheidung trifft, in dieser Stadt zu leben, der muss unsere Werteordnung für sich annehmen und sie aktiv vertreten. Sofern diese Voraussetzung erfüllt ist, garantiert unsere Rechtsordnung Neutralität bei gleichzeitigem Vorrang des Gemeinwohls gegenüber Partikularinteressen, welcher Seite auch immer." (MAGISTRAT DER STADT FRANKFURT 2010:17)

Zum anderen wird in Differenzen ein Moment gesehen, die nicht verändert werden sollen, weil sie nur so für die Gemeinschaft nützlich zu sein versprechen. Dies kommt hier zum Ausdruck:

> „Wenn [Vielfalt] stattdessen zusätzlichen Nutzen bringen soll, sind Unterschiede zum gemeinsamen Besten fruchtbar zu machen. Eine offene Gesellschaft, die auf der Grundlage unserer Rechtsordnung einzelne Bevölkerungsgruppen nicht als anzupassende Minderheiten, sondern als Teilhabende betrachtet und ihnen eine Vielzahl geeigneter Anknüpfungspunkte bietet sowie Möglichkeiten einräumt, fördert am ehesten den sozialen Zusammenhalt und Gemeinsinn." (MAGISTRAT DER STADT FRANKFURT 2010:28)

Mit Bezug auf den sich seit dem Jahr 2000 vollziehenden Wandel in der Ausrichtung der Projekte des *AmkA*, kann darin ein Beleg für den Einfluss des Neuen Realismus auf die Integrationspolitik Frankfurts gesehen werden. Letztendlich waren die integrationspolitischen Bemühungen des *AmkA* vor dem Aufleben des Neuem Realismus primär von einer Politik der

Differenz geprägt. Ökonomie und Vernetzung gewannen erst danach an Bedeutung in der kommunalen Integrationspolitik. Das Resultat ist eine Mischform beider Liberalismusmodelle zum gegenwärtigen Zeitpunkt. Interessant ist derweil, dass sowohl Sarrazins Duktus als auch der im Integrationskonzept quasi-religiösen Charakter inne haben. Vielleicht ist dies sogar entscheidender als die Auseinandersetzung mit Liberalismus 1 und 2 überhaupt.

9. Gegenüberstellung von Ergebnissen auf Grundlage der Analysen und Diskussion

Ein Vergleich der Ergebnisse aus den beiden Analysen ergibt, dass mit Hinsicht auf den Duktus des Neuen Realismus stilistisch keine Deckungsgleichheit zwischen den ausgewählten Inhalten aus Sarrazins Werk *Deutschland schafft sich ab* (2010) und dem *Integrationskonzept 2010* (2010) besteht. Das Konzept stellt aber aufgrund des Aufgreifens von Vorwürfen seitens des Neuen Realismus gegen Multikulturalismus offenbar eine Reaktion auf ihn im Allgemeinen, nicht Sarrazin, dar. Es können fernerhin Berührungspunkte ideologischer Natur identifiziert werden, die mit quasi-religiösem Charakter einhergehen. Dies betrifft den Glauben an eine primär ökonomisch verfasste Welt, die Inkaufnahme des Vorantreibens von Machtungleichgewichten *in puncto* sozio-ökonomisch besser und schlechter gestellter Gruppen und Ausschlussmechanismen, die insbesondere für Menschen mit Migrationshintergrund relevant sind. Allerdings sind diese in Sarrazins Ausführungen offensichtlich und im *Integrationskonzept 2010* in Form eines netzwerkkapitalistischen Kreativstandortgedankens undurchsichtig und eventuell nicht intendiert.

Beide Schriftstücke orientieren sich an der Prämisse „Fordern und Fördern", wenngleich im Fall von Sarrazin ein deutlicher Akzent auf Fordern besteht. Gleichwohl nimmt die Ambition von effizienter Nutzbarmachung vorhandener Potenziale in beiden Schriftstücken einen hohen Stellenwert ein. Bei Sarrazin tritt dahingehend eine sozialdarwinistische Dimension explizit zu Tage, deren Ursprünge in der vom britischen Wirtschaftsliberalismus-Diskurs gefärbten Metaphorik der Lehre Darwins verankert werden können. Ausgrenzung bestimmter Gruppen, respektive die der Farbigen und der Muslime, ist gegeben. Sie erfüllen für ihn unnützlich für das System zu sein und sollten deshalb nicht am Diskurs beteiligt werden. Im *Integrationskonzept 2010* ist eine derartige biologistische Figur nicht vorhanden. Zumindest kann dies nicht eindeutig beantwortet werden. Es stellt jedoch ein bedeutsames Novum dar, dass Migrantinnen und Migranten weiterhin als besondere Personengruppen thematisiert werden, das Konzept generell aber auf die Inklusion aller Subjekte und Akteure ausgelegt ist. Dies trägt zur Diffusität der Ausschlussmechanismen bei: Die quasi-religiöse Qualität des Konzeptes in Form einer Allegorie, die den Aufbruch in ein *gelobtes Land* suggeriert, gründet in der Überzeugungen von Neutralität des Rechtsstaates und ein damit einhergehendes, modernes ‚westliches' Weltbild soll Produktivität zur Folge haben, während sich von Abtrünnigen im Sinne einer *Parallelgesellschaft* distanziert wird. Andersgläubige sollen das Rechtssystem für sich auch anerkennen. Bis darauf, dass keine biologistische Figur vorhanden ist, kann auf dieser Grundlage nicht ausgeschlossen werden, ob es sich bei diesem Entwurf nicht um eine sinnverwandte Ausprägung von modernem Eliten-Rassismus handeln könnte, welcher sich nach van Dijk dadurch auszeichnet, dass die Existenz von Rassismus geleugnet wird. (VAN DIJK 1998:285) Fraglich ist dieser Befund jedoch, weil rhetorisch lediglich ein ‚neutraler Raum' geschaffen wird, während ‚Rassismus' an anderer Stelle des Konzeptes weiterhin ein Faktum darstellt. Es könnte sich somit um ein kontextabhängiges Moment handeln und abermals nicht beabsichtigt sein.

Eine Fokussierung auf das im Konzept präsente Moment sozialwissenschaftlicher Naturalisierung der Netzwerke nach Boltanski und Chiapello (2003), die mit einem Akzent auf Kreative Stadtentwicklung einhergeht, erinnert unterdessen an die Metapher *natural selection*, wenngleich dies primär auf semantischer Ebene bedeutsam ist und nicht heißen soll, es handelte sich um eine geeignete Metapher, um den Kern des Konzeptes oder gar die Wirklichkeit überhaupt treffend zu beschreiben. Eher sollte sie als ein latentes kulturelles Artefakt in einem größeren Kontext verstanden werden, was beispielsweise auch in der Erwägung zum Ausdruck kommt, nicht zielführender Projekte und Einzelmaßnahmen auszusortieren, obgleich unklar bleibt, welche dies betreffen könnte. Der Faktor ‚Kreativität' im Konzept lässt in dem Zuge aufgrund seiner Qualität, fester Bestandteil des Lebens zu sein (WINNICOTT 1973:80 in CLEMENS 2003:138), Bezüge zum *struggle for existence* zu. In Verbindung mit der Ambition von Wertschöpfung durch Urheberrechtsansprüche bestimmter Berufsgruppen kommt derweil ein exklusives Moment zum Vorschein. Kurzum, wer nicht aus Kreativität Werte schöpfen kann, kann nicht teilhaben, und einige Subjekte oder Akteure können dies in anderem Umfang als andere. Diese Logik betrifft auch Lebensentwürfe der Subjekte oder ihre Erwerbsbiographie im Sinne ihrer aktiven Gestaltung.

Bezüglich ‚Kreativität' finden sich weitere hinreichende Anknüpfungspunkte, was Sarrazins Ausführungen über ‚Innovation' und ‚Fortschritt' betrifft. Sie und seine Hochschätzung der Naturwissenschaften stehen in Relation zu seinem mithin willkürlich ausgelegten Intelligenzbegriff. ‚Intelligenz' bildet für ihn die Grundlage für Produktivität und ist von Wohlstand abhängig. Bildung ist Wegbereiter zur Nutzbarmachung von Wissen in Form von wirtschaftlichem Erfolg. Das *Integrationskonzept 2010* legt zwar keinen gesteigerten Wert auf Naturwissenschaften oder explizit auf ‚Intelligenz', weil ‚Kreativität' alle Subjekte eint, aber die Freisetzung von Potenzialen mittels Anerkennung von Bildungsabschlüssen unter dem Leitbegriff der ‚ethnischen Ökonomie' dient ebenfalls als Grundlage, um bezifferbare Werte zu generiert. Somit sind Arbeitskräfte ohne besondere Qualifizierung weniger oder nicht interessant. Beteiligt werden sollen hingegen u.a. internationale ‚business communities', welche nicht eindeutig identifiziert werden können. Es kann vor diesem Hintergrund abermals nicht ausgeschlossen werden, ob es sich dabei nicht tatsächlich um einheimische Eliten handelt, was Vergleiche mit modernem Eliten-Rassismus nach van Dijk (VAN DIJK 1998:285) zulassen würde.

Wie dem auch sei, die Einbindung internationaler ‚business communities' erweist sich für das Diskursprinzip grundsätzlich als problematisch, da international agierende Akteure gegenüber der Bevölkerung im Konzept als gleiche Diskursteilnehmer verstanden werden. *A priori* besitzen sie anderweitige Möglichkeit, sich der Konsensfindung mit der örtlich gebundenen Stadtbevölkerung zu entziehen, obwohl sie Zugang zu ihr besitzen und in monologischer Art und Weise Forderungen an den Standort Frankfurt, *ergo* seiner Bevölkerung, formulieren können. Obendrein besitzen sie ein mehrfaches Stimmrecht, zieht man in Betracht, dass andere Standorte ihnen ähnliche Einflussmöglichkeiten einräumen könnten wie die Stadt Frankfurt. Es besteht somit ein Ungleichgewicht hinsichtlich der Möglichkeiten auf den Diskurs einzuwirken, und es kann infolgedessen von einem wirtschaftsliberalen Konzept gesprochen werden, was einen entsprechenden Duktus impliziert.

Die Analyse bringt zum Vorschein, dass die Interessen oder Bedürfnisse sozio-ökonomisch besser gestellter Gruppen – dazu gehören u.a. Großunternehmen – für Sarrazin von höherem Stellenwert sind. Im *Integrationskonzept 2010* ist dem explizit nicht so, allerdings tritt eine von Bilton (2007) beschriebene Hierarchie *in puncto* Kreativwirtschaft in den Hintergrund, in der Kultur- und Medienwirtschaft verwerten, während einzelne Unternehmen und Individuen zuliefern. Idealtypisch sind beide Parteien derweil aufeinander angewiesen (BILTON 2007 in: THIELE 2011:111) Wie im Fall von Lebensentwürfen und Erwerbsbiographien aber gezeigt werden kann, kommt es im Konzept aber zu normativen Umdeutungen, die das System in die Lebenswelt eingreifen lassen, sodass notwendiges kommunikatives Handeln verdrängt wird, weite Bevölkerungsanteile nicht in die Konsensfindung – sei es im privaten oder öffentlichen Raum – einbezogen werden. Überdies kann das identifizierte normregulierende Handlungsmuster mit sich führen, dass Betroffene sich als nutzlos empfinden, weil sie etwa eine Mehrkindfamilie vorziehen und/oder nicht die Möglichkeit besitzen aus ‚Kreativität' Werte zu schöpfen. Ein Machtungleichgewicht zu Gunsten der ‚Wirtschaft' ist abermals die Folge. Im Sinne Taylors kann nicht ausgeschlossen werden, ob dies nicht sogar zerstörerischen Charakter für das Selbstbild Betroffener haben könnte. (TAYLOR 2009:23) Siebenhüter (2011) beschreibt Leiharbeit in einer nicht für ganz Deutschland repräsentativen Studie zudem als problematisch hinsichtlich der Integration von Migranten. Sie könnten sich aufgrund von ihr nicht integrieren. (SIEBENHÜTER 2011:83)

Wichtig einzuräumen ist, dass es erneut keine Anzeichen dafür gibt, dass dieser Ausschluss im *Integrationskonzept 2010* intendiert ist.

Sarrazins Ausführungen münden in ein Systemverständnis, in dem sich die staatliche Apparatur zu verselbstständigen droht, alles ökonomisch determiniert ist und Geld und Macht alles andere überschatten könnte, was einem *guten Leben* weiter Teile der Gesellschaft zuwider laufen dürfte. Entgegen dem Integrationskonzept legt er zwar keinen Akzent auf Kreativwirtschaft, aber mit Thiels (2011) Ausführungen über Berlin könnte ein Beispiel dafür gegeben sein, das die möglichen Folgen der Geltungsansprüche Sarrazins und des Integrationskonzeptes gleichermaßen widerspiegelt. In Berlin existierten Superstars auf der einen Seite, prekäre Verhältnisse auf der anderen. (THIEL 2011:115) Erinnert sei dabei in Bezug auf Frankfurt an die Kampagne „Welches Ziel hast du?" seitens des *AmkA*, bei der erfolgreiche Personen mit Migrationshintergrund auf mehr oder weniger prekären Berufsfeldern als Werbepartner fungierten. Letztlich zeichneten sie sich nicht durch besondere Fähigkeiten aus, die in Bezug zu ihrem Migrationshintergrund standen, sie waren schlicht erfolgreich und prestigeträchtig, und ihr Erfolg stand zudem in Verbindung mit bekannten Sportvereinen und Unternehmen. Es würde zu weit führen, behauptete man, Kampagnen dieser Art hätten unmittelbar Disparitäten wie am Beispiel Berlin zur Folge, sie fügen sich in einen derartigen Diskurs allerdings nahtlos ein. Das Konzept sieht abgesehen davon vor, der Ausbildung einer *Parallelgesellschaft* entgegenzuwirken. Ganz gleich ob die dafür vorhandenen Instrumente dies verhindern könnten, es besteht bei einem Fokus auf besonders erfolgreiche Subjekte aus sozial schwachen Milieus das Risiko der Gentrifizierung der Stadtteile, in denen sie leben. Damit einhergehende Verdrängung sozio-ökonomisch schlechter gestellter Gruppen, zu denen viele Migranten gehören, wäre dafür bezeichnend.

Es kann vor dem Hintergrund immer noch vorhandener Projekte zur Unterstützung und Einbindung von sozio-ökonomisch benachteiligten Gruppen seitens des *AmkA* nicht mit Sicherheit davon gesprochen werden, dass Elitenrekrutierung eine Politik der Differenz ablöst. Dies wäre nur möglich, verfolgte man zukünftige Entwicklungen. Mit Hinblick auf Impulse wie das Einstellen von Schulungen der Polizei (NAPAP) oder dem Fokus auf eine Stadtgesellschaft, die alle Subjekte gleichermaßen erfasst, kann ein Wandel aber ebenso wenig ausgeschlossen werden. Eine Mischform von Liberalismus 1 und 2, die für beide Schriftstücke mehr oder minder charakteristisch ist, spiegelt ungeachtet dessen den Einfluss des Neuen Realismus auf das Konzept wider. Aktuelle Handlungsimplikationen des *AmkA* gleichen zum gegenwärtigen Zeitpunkt einem Spiel auf zweistimmiger Klaviatur.

Ein aristokratisch-naturalistischer Duktus ist für das Konzept nicht unbedingt charakteristisch. Zwar nehmen bezifferbare Werte im Sinne von Profit einen hohen Stellenwert ein, was einen Bezug zu Naturwissenschaften zulässt, dieser ist aber letztendlich nicht eindeutig genug, um von Naturalismus zu sprechen. Aristokratisch muten die Machtungleichgewichte zu Gunsten besser gestellter hingegen durchaus an. Weiterhin kann deshalb davon ausgegangen werden, dass etwa die in der Phase nach dem Jahr 2000 verfasste Passage über die *Frankfurter Bühne*, welche einem aristokratischen Naturalismus zu Auftrieb verhelfen könnte, im Grunde eine Ausnahme darstellt. Fernerhin wirkt das Integrationskonzept angesichts der Unterbesetzung des *AmkA* ambitioniert, weshalb unklar ist, inwieweit die im Konzept formulierten Ziele überhaupt umgesetzt werden. Das *AmkA* kann ferner nur mit Einschränkungen als unabhängiger Akteur betrachtet werden. Seine kommunalen Aktivitäten orientieren sich an Bundes- und Landesrecht, europäischem Recht sowie internationaler Konventionen und Vereinbarungen. Will heißen: Das *AmkA* sollte nicht als treibende Kraft, sondern als Mittler im Kontext umfassenderer gesellschaftspolitischer Entwicklungen und Machtverhältnisse betrachtet werden. Es spricht deshalb aber auch vieles dafür, die Befunde über das *Integrationskonzeptes 2010* mit den notwendigen Einschränkungen auf Städte mit vergleichbarer Größe und Infrastruktur sowie heterogener Bevölkerung im deutsch-europäischen Kontext übertragen zu können, selbst wenn sie im Zweifelsfall nur die Stadt Frankfurt betreffen.

Summa summarum heißt das bezüglich der Hypothesen, die den Analysen vorangestellt wurden, dass (1) im Sinne des Slogans „Fordern und Fördern" wirtschaftliche Interessen eindeutig ausschlaggebend in der Integrationspolitik sind. Dies geht mit einer quasi-religiösen Qualität einher, welche für ihre eigene Ideologie blind zu sein scheint. (2) Es wäre unzulässig von *gezielter* Nutzenmaximierung durch offensichtliche oder latente Ausgrenzung bestimmter Gruppen, respektive Farbiger und Muslimen, anstelle von einer Politik der Differenz auszugehen. D. h. bei Sarrazin ist dem gewiss der Fall, aber es finden sich in der Frankfurter Stadtpolitik keine konkreten Anhaltspunkte dafür. Die Machtverhältnisse sind systembedingt aber auch diffus und ungleich gewichtet. Konzeptionelle Weichenstellungen in Richtung Kreative Stadtentwicklung erweisen sich derweil insbesondere für Arbeitnehmerinnen und Arbeitnehmern mit Migrationshintergrund hinsichtlich des Einforderns von Flexibilität seitens Arbeitgebern als besonders risikobehaftet, was ihre Integration entsprechend wenig begünstigt. Drohende Prekarisierung und mögliche Gentrifizierung von Stadtteilen in denen sozioökonomisch schwächere Teile der Bevölkerung leben – dazu gehören in entscheidendem Maße Migrantinnen und Migranten – droht, dieses Risiko zu verschärfen und deren

Teilhabechancen zu erschweren. Handlungsimplikationen im Sinne einer Unterscheidung von Liberalismus 1 und 2 gleichen zum gegenwärtigen Zeitpunkt indes einem Spiel auf zweistimmiger Klaviatur. (3) Ein wirtschaftsliberaler Duktus hat zweifellos Einzug in die deutsche Integrationspolitik gehalten. Der Ökonomie dienliche Ansätze überschatten sukzessive immer weitere Teile der Agenden. Da eine Gesellschaft, in der einzig und alleine ökonomische Faktoren von Bedeutung sind, nicht umhin kommt, Interessenlagen der Bevölkerung teleologisch umzudeuten, erscheint diese Praxis nicht nur in Bezug auf die Einbindung von Migrantinnen und Migranten nicht verheißungsvoll. Zudem ist sie bezüglich Zustimmung seitens der Bevölkerung vermutlich nicht legitim. (4) Aufgrund geringer Budgetierung, Unterbesetzung und keiner einheitlichen Zielsetzung auf Länder- und/oder Bundesebene ist die Umsetzung der Agenden ferner nur mit Einschränkungen gewährleistet. Dies gestaltet Prognosen für die Zukunft entsprechend schwierig. Staatliche Steuerungsmöglichkeiten zwecks Entgegenwirken unliebsamer Formen des Ausschlusses erscheinen begrenzt. Im Wesentlichen wird Steuerung aber ohnehin Märkten überlassen.

10. Zusammenfassung

Multikulturalismus ging seit den 1980er Jahren (VERTOVEC & WESSENDORF 2005:3) aus einem Gegenentwurf zur US-amerikanischen *melting pot* Metaphorik hervor. Zu Vorreitern gehören Kanada, Australien oder England. Es handelt sich also in seinen Ursprüngen um ein modernes, ‚westliches' Modell. In weiteren Territorien bezeichnet der Begriff mittlerweile Unterschiedliches (LEY 2010:190 in: VERTOVEC & WESSENDORF 2010[1]) und dient somit als Überbegriff für eine Vielzahl jeweils unterschiedlicher, kulturpolitischer Handlungsimplikationen zum Zweck der Mediation und/oder Prävention interkultureller Spannungsverhältnisse. Die Globalisierung (HURRELL 2007:26) trägt zu seiner Diffusität bei. Viele interkulturelle Spannungsfelder entpuppen sich bei näherer Betrachtung weniger als Kultur-, sondern als Systemfragen. "['P]ostcoloniality" and multiculturalism looks suspiciously like another alibi to conceal the actuality of global politics." (MIYOSHI 1996:79 in: WILSON & DISSANAYAKE 1996) Mitchell verweist zudem auf Beliebigkeit der Auslegung des Begriffs vor dem Hintergrund symbiotischer Allianzen, die aus transnationalen Kapitalbewegungen hervorgingen. (MITCHELL 1996:221 in: WILSON & DISSANAYAKE 1996) Ungeachtet machtpolitischer Angelegenheiten stellt Freeman fest, dass national meist Institutionen mit der praktischen Umsetzung betraut sind, deren Aufgaben eigentlich andere sind. (FREEMAN 2004:948 in: VERTOVEC & WESSENDORF 2010[1]:2) Kipfer und Keil stellen fernerhin am Beispiel der Stadt Toronto fest, dass die dortigen Einrichtungen aufgrund von Unterbesetzung weniger Einfluss besitzen, als man vermuten könnte. (KIPFER; KEIL 2002:237) Übliche Tätigkeitsfelder von Einrichtungen, die Multikulturalismus voranzutreiben versuchen, sind folgende: Öffentliche Anerkennung, Bildung, Soziale Arbeit, Informationsmaterialien, Gesetzgebung, religiöse Akkommodation, Essen sowie Medien- und Öffentlichkeitsarbeit.

Prins und Sliper (2002) identifizieren das Aufkeimen vom Neuem Realismus im Rahmen öffentlicher Debatten rund um Multikulturalismus seit 1990 in den Niederlanden. Er stellt mithin eine Gegenbewegung zu ihm dar. „[New Realism] is characterized by what its proponents see as the courage to confront taboos, break silence, intervene 'with guts', and speak the truth surrounding societal ills hidden by a (leftist) consensus of political correctness." (VERTOVEC & WESSENDORF 2010[1]:13) Er ist mittlerweile in ganz Europa verbreitet, *ergo* in Deutschland. (VERTOVEC & WESSENDORF 2010[1]:13)

Die politische Situation in Deutschland speziell, respektive seit dem Jahr 2000, ist im europäischen Kontext eine besondere, paradoxe, unstimmige: Multikulturalismus förderliche

Konzepte werden nicht auf Bundesebene verfolgt. Stattdessen keimen sukzessive auf regionaler und lokaler Ebene Einrichtungen, Projekte, Arbeitskreise etc. auf. Bis in das 21. Jahrhundert war die politische Diskussion in Deutschland von der Frage dominiert, ob es überhaupt Einwanderungsland sei. (SCHÖNWÄLDER 2010:152-153 in: VERTOVEC & WESSENDORF 2010[1])

Auf juristischer Ebene wurde das *Reichs- und Staatsangehörigkeitsgesetz (RuStAG)* (RGBl. S. 583) am 1. Januar 2000 durch das *Staatsangehörigkeitsgesetz (StAG)* abgelöst. (STAATSANGEHÖRIGKEITSGESETZ *(StAG)*) Inhaltliche Neuerungen orientierten sich am Bestreben, jugendlichen Ausländern die Einbürgerung zu erleichtern. Seine Tragweite wurde am 1. Januar 2005 durch Art. 5 des *Zuwanderungsgesetzes (ZuwandG)* (BGBl. I S. 1950) auf Erwachsene ausgeweitet. (GESETZ ZUR STEUERUNG UND BEGRENZUNG DER ZWANDERUNG UND ZUR REGELUNG DES AUFENTHALTS UND DER INTEGRATION VON UNIONSBÜRGERN UND AUSLÄNDERN *(ZuwandG)*)

Primär waren die gesetzlichen Neuerungen von der Einsicht befördert worden, dass vorwiegend türkischstämmige Gastarbeiter, die in den 1960er und 1970er Jahren eingewandert waren, nicht in ihre einstigen Herkunftsländer zurückgekehrt waren, sondern in Deutschland sesshaft wurden, Familien gründeten. Trotz dieser Öffnung bestehen Konflikte aber weiterhin. Öfters wird seitens Einheimischer die Notwendigkeit des Erlernens von Deutsch als Zielsprache sowie die Akzeptanz und Respektierung von Werten, vor allem Frauenrechten oder Meinungsfreiheit, eingefordert. (SCHÄUBLE 2006 in: SCHÖNWÄLDER 2010:154 in: VERTOVEC & WESSENDORF 2010[1]) Politische Handlungsentwürfe, welche dem Vorschub leisten sollen, orientieren sich meist daran, dass Migranten hinsichtlich Bildung und Chancen auf dem Arbeitsmarkt statistisch ins Hintertreffen geraten. Bisweilen keimt aber auch die Forderung auf, sich auf die Integration bestimmter, ökonomisch zuträglicher Migrantengruppen zu konzentrieren, nicht aber auf solche, die dem Sozialsystem zur Last fielen. (SCHÖNWÄLDER 2010:154 in: VERTOVEC & WESSENDORF 2010[1])

Entscheidend bei dem Entwerfen von Handlungsentwürfen, die das Sozialsystem betreffen, ist der Slogan „Fordern und Fördern", nicht kulturelle Vielfalt, welcher in den Legislaturperioden der Koalitionspartner SPD und die Grünen (26. Oktober 1998 bis 17. Oktober 2002 / 17. Oktober 2002 bis 18. Oktober 2005) Einzug erhielt. Laut Lanz ebnete die *Green Card*-Initiative des damaligen Bundeskanzlers Schröder den Weg in einen politischen Diskurs, der „die Einwanderung an die globale ökonomische Wettbewerbsfähigkeit des Landes koppelte[.]" (LANZ 2009:68) Ronneberger und Tsianos sehen in der *Green Card* den

Versuch einen pragmatischen Umgang mit Migranten zu finden, der sich an dem Gebot der Nützlichkeit orientiere. (RONNEBERGER & TSIANOS 2008:141 in: HESS et al. 2008:137-153) Zur Zeit sind hauptsächlich Konservative federführend bei der Gestaltung integrationspolitischer Rahmenbedingungen. Ein deutlicher Akzent liegt in politischen Diskussion aber parteiübergreifend auf der Betonung des Vorzugs einer ‚gemeinsamen Kultur'. (SCHÖNWÄLDER 2010:156 in: VERTOVEC & WESSENDORF 2010[1])

Obschon eine Reihe von Umfragen Einblicke ermöglicht, lässt sich keine eindeutige, langfristige Entwicklung des öffentlichen Meinungsbildes hinsichtlich Multikulturalismus in Deutschland ausmachen. Weite Teile sind ihm gegenüber unentschlossen oder skeptisch (SCHÖNWÄLDER 2010:156 in: VERTOVEC & WESSENDORF 2010[1]), weshalb sich in der Politik generell mit Vorsicht für ihn ausgesprochen wird.

Auf kommunaler Ebene existieren trotz allem Multikulturalismus-Projekte, ohne dass Bund und Länder sich zu Multikulturalismus durchringen. Vorreiter sind Frankfurt und Stuttgart. (SCHÖNWÄLDER 2010:159 in: VERTOVEC & WESSENDORF 2010[1]) Seit den 1990er Jahren wird Ausländerpolitik aber auch anderswo sukzessive von Strategien abgelöst, welche auf eine Umgestaltungen von öffentlichen Einrichtungen abzielen. (SCHÖNWÄLDER 2010:158 in: VERTOVEC & WESSENDORF 2010[1]) Bedeutsam ist die Verkittung von Handlungsansätzen auf unterschiedlichen Verwaltungsebenen (i.e. Kommunen, Länder, Bund, EU etc.). Schönwälder kritisiert, dass wissenschaftliche Untersuchung zu Einrichtungen auf lokaler Ebene rar seien. Ebenso seien die Zielsetzungen der Einrichtungen oft nicht deutlich. Typische Ansätze, die verfolgt würden, zielten auf die Förderung des Zielsprachenerwerbs, die Optimierung von Schulcurricula und Projekte zur Förderung des Kontakts zwischen Deutschen und Migranten ab. Es besteht jedoch kein Anrecht auf Muttersprachlichen Unterricht. (SCHÖNWÄLDER 2010:159 in: VERTOVEC & WESSENDORF 2010[1])

Damit zum medialen Diskurs: Vertovec und Wessendorf weisen darauf hin, dass in Europa seit dem Jahr 2000 eine Vielzahl an Debatten in den Medien Einwanderer, Muslime und Multikulturalismus zum Thema machten. (VERTOVEC & WESSENDORF 2010[1]:4) U.a. gingen diese Debatten mit dem Aufgreifen des Anschlags auf das World Trade Center in den USA, dem Mord am Regisseur Theo van Gogh in den Niederlanden, dem Bombenanschlag britisch-stämmiger Muslime in London, den Mohammed-Karikaturen in Dänemark und Aufständen muslimischer, aber auch weißer, französischer Jugendlicher in französischen Vororten einher oder es wurde und es wird immer wieder auf sie verwiesen (VERTOVEC & WESSENDORF 2010[1]:5) Gleichwohl identifizieren Vertovec und Wessendorf sieben

Strategien bzw. Taktiken, die im medialen Diskurs dazu gebraucht werden, um Multikulturalismus zu verurteilen, als da sind: ‚Multikulturalismus ist eine allumfassende Doktrin', ‚Im Multikulturalismus werden Gedanken und Sprache kontrolliert', ‚Multikulturalismus leistet der Entstehung einer Parallelgesellschaft Vorschub', ‚Multikulturalismus versperrt sich gemeinsamer Werte', ‚Multikulturalismus verschließt die Augen vor Problemen', ‚Multikulturalismus fördert verwerfliche Praktiken' und 'Multikulturalismus bietet einen Nährboden für Terrorismus'. (VERTOVEC & WESSENDORF 2010[1]:6-12) Alle sind in der deutschen Presse existent und erweisen sich nach Abgleich mit anderen Quellen als nicht haltbar sowie kaum oder nicht belegbar.

Die Schieflage der Argumentation in Hinblick auf die Vorwürfe legt die Vermutung nahe, dass sich andere Motive hinter ihr verbergen, als die, die angegeben werden, und führt zu folgenden Hypothesen: (1) Im Sinne des Slogans „Fordern und Fördern" sind wirtschaftliche Interessen ausschlaggebend in der Integrationspolitik. (2) Es wird auf Nutzenmaximierung durch offensichtliche oder latente Ausgrenzung bestimmter Gruppen, respektive Farbiger und Muslimen, anstelle von einer Politik der Differenz gesetzt. (3) Ein wirtschaftsliberaler Duktus hat Einzug in die deutsche Integrationspolitik gehalten. Der Ökonomie dienliche Ansätze überschatten somit sukzessive immer weitere Teile der Agenden. (4) Aufgrund geringer Budgetierung, Unterbesetzung und keiner einheitlichen Zielsetzung auf Länder- und/oder Bundesebene ist die Umsetzung der Agenden indes nur mit Einschränkungen gewährleistet.

Eingrenzend gilt es in dieser Studie zu bestimmen, welchen Einfluss der Duktus des Werkes *Deutschland schafft sich ab* (2010) von Thilo Sarrazin stellvertretend für Neuen Realismus auf den deutschen Multikulturalismusdiskurs, vertreten durch das Frankfurter Amt für multikulturelle Angelegenheiten (*AmkA*), hatte und inwieweit stilistische Überscheidungen analysierter Schriftstücke aus beiden Quellen historisch verankerbar sind, weil daraus gewonnene Erkenntnisse dazu verhelfen können, zeitgemäße Ausschlusspraktiken, respektive Alltagsrassismus, besser sichtbar zu machen. Dies geschieht primär mittels Analyse der rhetorischen Figuren in ausgewählten Passagen aus Sarrazins Werk und anschließendem Abgleich mit dem kurz danach erschienen *Integrationskonzept 2010* (2010), welches vom Frankfurter Amt für multikulturelle Angelegenheiten (*AmkA*) herausgegeben wurde. Der Analyse des *Integrationskonzeptes 2010* des *AmkA* wird eine chronologische Entwicklungslinie bzgl. der Tätigkeitsfelder und Publikationen des Amtes vorangestellt werden, sodass Trends ersichtlich werden können.

Die Grundlage für die Analyse ist die Kritische Theorie nach Habermas mit einem Akzent auf Methoden der Kritischen Diskursanalyse sowie einer Verfeinerung von Habermas Theorie mittels Beiträgen von Taylor (1996) und Honneth (2001). Wie im Fall von Habermas messen Taylor und Honneth Sprache einen besonderen Stellenwert in der Konsensfindung bei und Inhalte können deshalb miteinander verknüpft werden. Um die Thematik der Arbeit historisch einzubetten, wird integrationspolitischen Weichenstellungen und der damit einhergehende mediale Diskurs seit dem Jahr 2000 der Analyse vorangestellt, wenngleich der Verweis auf einzelne, entscheidende Begebenheiten seit den 1960er Jahren unumgänglich ist, da nur so die Ausrichtung multikulturalistischer Projekte seit den 1990er Jahren zu erklären ist. Van Dijk formuliert ferner hinsichtlich Kritischer Diskursanalyse (KDA) den Anspruch, bezüglich sozialer Ungleichheit explizit Position zu beziehen, sie zu verstehen, sie aufzuzeigen und ihr zu widerstreben. (VAN DIJK 2001:352) Zur Analyse von Schriftstücken werden dazu aus dem Feld der Pragmatik Wahrheitswerte (CRUSE 2004:21-22), Präsuppositionen (HUANG 2007:64), intensivierende Worte (CRUSE 2004:47) und Heckenausdrücke (O'KEEFFE 2006:7) sowie inklusives und exklusives *Wir* (FAIRCLOUGH 1995:181) herangezogen. Für inklusives und exklusives *Wir* gilt insbesondere mit ihm in Verbindung stehenden Alltagsrassismus in Anlehnung an van Dijk (1998) zu beleuchten. Unausweichlich ist darauf aufbauend die Auseinandersetzung mit Quellen von Autor/-innen, sofern sie sich für ihre Rhetorik als relevant erweisen. Dies trägt einem Anspruch seitens der KDA zur Gewährleistung eines interpretativen, erklärenden und historischen Gehaltes (FAIRCLOUGH & WODAK 1997:271-280 in: VAN DIJK 2001:352) Rechnung und betrifft angesichts seines Stils vor allem Sarrazins Werk. In Hinblick auf dessen Zitationen von Studien gilt es den Test-Gütekriterien Objektivität, Reliabilität und Validität auf den Grund zu gehen. Seine Ausführungen über Psychologie werden mittels dem von Oerter/Montada herausgegebenen Lehrwerk *Entwicklungspsychologie* (2002, 5. Aufl.) auf ihre Stichhaltigkeit überprüft, finden sich keine Erklärungen im *Psychologischen Wörterbuch Dorsch* (HÄCKER; STAMPF 2004). Den Rahmen für die historische Einordnung stilistischer Auffälligkeiten geben die Ursprünge von Naturalismus und Liberalismus mit einem Akzent auf Darwin und Rousseau auf Grundlage der Werke *Darwin und Foucault* von Sarasin (2009) und *Kritik der zynischen Vernunft* von Sloterdijk (1983) vor. Für die Analyse des *Integrationskonzepts 2010* der Stadt Frankfurt gewinnen Beiträge aus der Soziologie und Politologie an Bedeutung, weil die Verfasstheit des kapitalistischen Systems an sich folgenschwer für seine Gestaltung ist. Zitationen wissenschaftlicher Quellen besitzen darin nahezu keine Bedeutung. Es ist ein Konzept. Um die Verfasstheit von Macht im kapitalistischen Kontext zu durchleuchten, bildet der Netzwerkgedanke nach Boltanski und Chiapello in *Der neue Geist des Kapitalismus* (2003) für das Konzept die Grundlage, der neben den Faktoren Kreativität und Flexibilität auch Sennett in *Der flexible Mensch* (1998) beschäftigte. Weitere Beiträge zu Kreativwirtschaft und Kreativer Stadtpolitik sollen den Blick zusätzlich schärfen.

Bei der Analyse von *Deutschland schafft sich ab – Wie wir unser Land aufs Spiel setzen* (2010) sind zwei logische Stränge, die Sarrazin sowohl wissenschaftlich als auch historisch zu unterfüttern versucht, entscheidend. Zum einen ist der Strang in Bezug auf ‚Intelligenz' zu nennen, zum anderen der Verweis auf die Darwins Evolutionstheorie. Migranten, insbesondere farbige und solche mit muslimischen Hintergrund, werden in Sarrazins Werk gezielt ausgeschlossen. Ihr Selbstbild wird beschädigt. Nicht nur in Hinblick auf sie, sondern auch in Hinblick auf sozioökonomisch schlechter gestellte Gruppen überhaupt besteht keine Intention an Inklusion. Die performativen Widersprüche, in die Sarrazin sich derweil verstrickt, verdichten sich zu einem Gesellschaftsverständnis, in dem Geld und Macht oder bezifferbare Werte Vorrang gegenüber dem Dialogischen besitzen. Darauf aufbauend ist Sarrazins willkürlich verwendeter Intelligenzbegriff nicht Grundlage für ein Plädoyer für ganzheitliche Bildung, sondern Wegbereiter für eines für die Nutzbarmachung von Wissen mit der Ambition wirtschaftlichen Erfolg zu generieren. Mittel zum Zweck ist die Grenzziehung zwischen ‚Kultur' und ‚Natur' und das Aufwerten von Naturwissenschaften, weil sie dem Unterwerfen der ‚Natur' dienlich zu sein versprechen.

Im Unterkapitel *Qualität und Quantität* (SARRAZIN 2010:349-354) unternimmt Sarrazin den Versuch damit einhergehende Prognosen über demographische Entwicklungen seinerseits mit Darwins Evolutionstheorie zu unterfüttern. Anscheinend nutzt Sarrazin diese als Verdichtungspunkt von Machtverhältnissen im Sinne eines kulturellen Artefaktes, da die Theorien Darwins in Hinblick auf dessen gesamtes Lebenswerk verzerrt von Sarrazin wiedergegeben werden. Es liegt nahe, dass Sarrazins Motiv im Reproduzieren eines biologistischen Diskurses *in puncto* englischem Wirtschaftsliberalismus und britischen Imperialismus gründet, den Darwin wahrscheinlich vorübergehend in Bezug auf seine Metaphernwahl für sich nutzte, um zum einen griffige Worte für seine zu komplexen Ergebnisse zu finden und zum anderen vor diesem Hintergrund absehbare Konflikte mit der damaligen Naturtheologie zu umgehen. In *The Descent of Man, and Selection in Relation to Sex* (1871) versuchte Darwin schließlich seine Metaphorik in für Sarrazins Ausführungen entscheidenden Teilen zu entkräften. Sprich, er distanzierte sich von der Annahme, geistige Potenziale würden vererbt. Zudem befremdeten ihn Verknüpfungsversuche zwischen seinen Erkenntnissen und hegemonialen Ansprüchen hinsichtlich Zivilisation. Sarrazin hält daran fest.

Tendenziell erinnert Sarrazins Duktus zwar eher an Liberalismus 1 (Politik des Universalismus) nach Taylor, da Ökonomie grundsätzlich als ein neutrales Moment verstanden werden kann. Nichtsdestotrotz haben Ökonomie und Kultur für Sarrazin aber selektiv-exklusiven Charakter inne, weil Nützlichkeit für ihn entscheidenden Einfluss darauf hat, wer am Diskurs beteiligt werden sollte oder nicht, da einige kulturelle Elemente angeblich nützlicher seien als andere. Deshalb ist sein Ökonomieverständnis auf den zweiten Blick keineswegs neutral, sondern ideologisch gefärbt, es mutet aufgrund der normativ wirksamen Verweise auf kulturelle Artefakte religiös an und besitzt rein selbsterklärenden Charakter. Unterm Strich kann deshalb nicht eindeutig geklärt werden, um welches Liberalismusmodell es sich in Anlehnung an Taylor handelt. Entweder es sind beide Modelle, was für Willkür spricht, oder es ist keines. Gewiss sieht man sich jedoch mit einem unterschwelligen Plädoyer für die Verselbstständigung der staatlichen Apparatur konfrontiert, die ausschließlich durch Geld und Macht determiniert ist und *gutem Leben* weiter Teile der Bevölkerung konsequenterweise zuwider laufen dürfte. Diese Befunde übernehmen für die anschließende Analyse des *Integrationskonzepts 2010* (2010) die Funktion aristokratisch-naturalistische Elemente und die Relevanz von Nützlichkeitsmaximen wie ‚Produktivität', ‚Innovation', oder etwa ‚Fortschritt' in Verbindung mit ‚Intelligenz', ‚Ethnie' oder ‚Weltanschauung' im gegenwärtigen Integrationsdiskurs aufzudecken, sollten sie vorhanden sein.

Vor der konkreten Auseinandersetzung mit dem *Integrationskonzept 2010* ist eine mit dem Entwicklung des *Amtes für multikulturelle Angelegenheiten* (*AmkA*) unabdingbar, um etwa Trends auszumachen oder sie auszuschließen: Im Wesentlichen kann die Entwicklung des *AmkA* in drei Phasen unterteilt werden, die nicht scharf voneinander abgrenzbar sind. Die Anfänge sind bis etwa 1995 maßgeblich davon bestimmt, dass es sich gegen öffentliche Widerstände behaupten musste bzw. es der Legitimation für seine Existenz bedurfte. Die zweite Phase ist charakterisiert von Projekten, die auf Veränderung der sozialen Infrastruktur ausgerichtet und derweil insbesondere auf die Unterstützung sozial-schwacher Migrantengruppen, respektive älterer, ausgerichtet sind. Der Faktor Bildung kommt ebenfalls zum tragen. Ungeachtet vereinzelter Vorzeichen des Wandels wie etwa der Beitritt zu dem Netzwerk „*Städte der Zukunft*" kann darin einen Akzent auf Liberalismus 2 bzw. Politik der Differenz gesehen werden. Zwar findet sich mit Bezug auf die *Frankfurter Bühne* auch eine Passage, die potenziell einem europäischen Überlegenheitsgefühl zu Auftrieb verhelfen könnte, was infolgedessen als Ausprägung eines modernen aristokratischen Naturalismus lesbar ist. Die Passage stellt aber eine Ausnahme dar. Seit dem Jahr 2001, dem Beginn der dritten Phase, gewinnen analog zu den bereits vorhandenen Projekten solche an Bedeutung, die aufgrund ihrer Strahlkraft eher das Stadtmarketing insgesamt betreffen und in Form von Leitlinien auf die Einbindung von Migranten abzielen, die vergleichsweise gut ausgebildet sind oder sogar prestigeträchtig für die Stadt Frankfurt zu sein versprechen. Mitunter mutet dies aristokratisch an, aber nicht eindeutig naturalistisch. Im Gegensatz zu der Phase vor dem Jahr 2000 werden deutliche Akzente auf arbeitsweltliche Themen, Vernetzung im europäischen Kontext, ‚westliche' Frauenbilder, Wertschöpfung durch Vielfalt, das Unterbinden der möglichen Entstehung einer *Parallelgesellschaft* und Spannungsfelder rund um den Islam gesetzt. Bildungsprojekte, die vor dieser Phase ins Leben gerufen wurden, werden ausgeweitet. Interessant ist ferner ein offenbar zunehmendes Interesse an der Einbeziehung von Männern, welches aber in Abgleich mit Beiträgen über männliche Migranten in der Phase vor dem Jahr 2000 unschlüssig ist. Besonderes Augenmerk verdient dessen ungeachtet die Einstellung von vor 2000 ins Leben gerufenen Schulungen der Polizei im Jahr 2007, aufgrund von Unterbesetzung, obschon sie offenbar von Migranten und der Polizei positiv aufgenommen wurden. (AMT FÜR MULTIKULTURELLE ANGELEGENHEITEN 2009:74-75) Dies wird als Indikator für einen Kurswechsel der Arbeit des *AmkA* verstanden. Abgesehen davon weist Lüken-Klaßen (2008) im Rahmen des vom Amt selbst angestoßenen Projektes *CLIP* auf den mangelnden Einfluss des *AmkA* hin. Fernerhin überrascht, dass in einer Jubiläumsschrift zum 20jährigen Bestehen des Amtes recht verblümte Bilder von kulturellen Spannungsverhältnissen gezeichnet werden, wenngleich es sich wie im Fall der Ausführungen über die *Frankfurter Bühne* bei dieser Praxis um einen Einzelfall zu handeln scheint.

Die Ergebnisse der Analyse des *Integrationskonzepts 2010 – Vielfalt bewegt Frankfurt Integrations- und Diversitätskonzept für Stadt, Politik und Verwaltung. Grundsätze Ziele Handlungsfelder* sind generell vor dem Hintergrund zu betrachten, dass es sich zwar um ein kommunales Konzept handelt, die Stadt Frankfurt aber in einen deutlich umfassenderen Kontext eingebunden ist (i.e. Land, Bund, EU, Völkerrechtskonventionen etc.). (MAGISTRAT DER STADT FRANKFURT 2010:5, 19, 39) Auch ist bedeutsam, dass das Amt laut eigener Angaben unzureichend besetzt ist. (N. N., *Frankfurter Rundschau*, 3. Februar 2011) Integrationsdezernentin Eskandari-Grünberg bekleidet das Amt nicht zuletzt in ehrenamtlicher Funktion. (N. N., *Frankfurter Rundschau*, 3. Februar 2011) Es kann daher vorweg nahtlos an eine von Lüken-Klaßen (2008) vorgebrachte Kritik angesichts der Einflussmöglichkeiten des Amtes sowie Kipfer und Keils (2002) Feststellung von Unterbesetzung am Beispiel Toronto angeknüpft werden.

Damit zu den konkreten Ergebnissen: Die Analyse des Pronomens *Wir*, Präsuppositionen und Wahrheitswerten veranschaulicht einen stadtgesellschaftlichen Glaubensentwurf als Reaktion auf Neuen Realismus. Vorwürfe, Multikulturalismus befördere eine Parallelgesellschaft, er versperre sich gemeinsamer Werte, verschließe die Augen vor Problemen und fördere verwerfliche Praktiken, werden aufgegriffen und entkräftet. Dass Multikulturalismus ein Nährboden für Terrorismus wäre, wird nicht direkt aufgegriffen, allerdings werden der Kontakt zu religiösen Gruppen thematisiert und Praktiken, die nicht mit der Rechtsordnung vereinbar sind, abgelehnt. Aufschlussreich ist, dass in dem Konzept eine Aufgabe formuliert wird, die die ‚Wahrnehmung' der Bevölkerung Frankfurts (*Wir*) verändern soll. Integration wird als eine Mission verstanden, was in Verbindung mit „Aufgabe[n]" an die Bevölkerung (MAGISTRAT DER STADT FRANKFURT 2010:4), Erfolgsprämissen, die mit Effizienz und dem Nutzen von Potenzialen einhergehen sollen (MAGISTRAT DER STADT FRANKFURT 2010:6), und der Ambition, sich im Zuge dessen in Bewegung zu setzen (MAGISTRAT DER STADT FRANKFURT 2010:6) an ein Projekt Gläubiger im Sinne des Aufbruchs in ein *gelobtes Landes* erinnert. Taylors Ausführungen würden eine Verbindung zum Christentum nahelegen. (TAYLOR 2009:49) Die Allegorie lässt im weiteren Verlauf des Konzeptes jedoch keinen eindeutigen Bezug zu einer bestimmten Weltreligion zu, obschon der Duktus quasi-religiös ist. Nächstenliebe nimmt etwa implizit einen Stellenwert ein. (MAGISTRAT DER STADT FRANKFURT 2010:24) Von einer *Parallelgesellschaft* wird sich abgegrenzt, zumal man sich vor diesem Hintergrund des Einforderns von Respekt seitens eines *andersgläubigen Umfeldes* bei zeitgleicher Konstruktion der Existenz eines *neutralen öffentlichen Raumes* auf Grundlage eines Wahrheitswertes für die eigene Ideologie als blind erweist. Schließlich ist eine moderne, ‚westliche' oder gar kapitalistisch geprägte Weltanschauung, die im Konzept vorliegt, eine bestimmte.

Ausschluss betrifft explizit keine spezielle ethnische Gruppe, obwohl *unsere* Werte oder Standpunkte (als Europäer, Deutsche, respektive Frankfurter etc.) ansonsten gleichermaßen zum Ausdruck kommen, wie im Fall von Alltagsrassismus. Angesichts vorhandener Erfolgsmaximen kann nicht ausgeschlossen werden, dass es sich um eine sinnverwandte Ausprägung von modernem Eliten-Rassismus handelt, welcher sich nach van Dijk dadurch auszeichnet, dass die Existenz von Rassismus geleugnet wird. (VAN DIJK 1998:285) Dieser Befund kann jedoch weder unzweifelhaft dementiert noch bestätigt werden. Nichtsdestotrotz erweisen sich die Ausführungen über Religion als recht pauschal und die Ambition der Einbindung von internationalen ‚business communities' als problematisch. Letzteres ist besonders in Hinblick auf Einflussmöglichkeiten im Rahmen des Diskursprinzips der Fall. Es bestehen klare Machtungleichgewichte zu Gunsten eines undurchsichtigen Wirtschaftskomplexes, dessen Führungsetagen von außen betrachtet transnationaler anmuten als sie tatsächlich sind. Es werden transnationale Konzernstrukturen dahinter vermutet. Der Duktus des Konzeptes ist sowohl wirtschaftsliberal als auch -gläubig.

Interessant ist, dass die ‚Vielfalt der Gesellschaft' und ‚erfolgreiches Zusammenleben' an anderer Stelle mit Possessivpronomen in Verbindung stehen (MAGISTRAT DER STADT FRANKFURT 2010:6), was auf ein Verständnis von Besitz dieser Momente hindeutet. Die Token sind aber vage, weil nicht abgeleitet werden kann, wer Besitzansprüche für sich vorhanden glaubt. Weitere Identität stiftende Momente verdichten sich an anderer Stelle in Form des kollektiven Ziels Wertschöpfung mittels Anerkennung von berufsbezogenen Abschlüssen (MAGISTRAT DER STADT FRANKFURT 2010:56) zu generieren. Ferner ebnet das Pronomen *Wir* in einem bestimmten Kontext den Weg für eine darauf aufbauende Kreativitätsdialektik, die offenbar einen normativen Wandel einläuten soll. Es ist die Rede davon, dass man dazu beigetragen will, dass ein Sich-lösen aus einem *gewohnten Umfeld* weniger schwierig für nachfolgende Generationen sein solle, was umgehend mit Flexibilisierung in Hinblick auf Lebensentwürfe in Verbindung gebracht wird. Es kommt derweil zu normativen Umdeutungen, und es kann somit von teleologischem und normreguliertem Handeln ausgegangen werden.

Die Praxis der Verknüpfung von Flexibilisierung und unterbrochenen Erwerbsbiographien mit Kreativität erinnert an die von Voß und Pongratz identifizierte Anerkennung *qua* Bezeichnung als kreativer »Arbeitskraftunternehmer« (OPITZ 2004: Kap. 8; VOß/PONGRATZ 1989 in: HONNETH 2004:65), was mit einer Diskrepanz zwischen evaluativen Versprechen und materieller Erfüllung einhergeht, die Wertschätzung demnach nicht glaubwürdig macht und das Anstreben dieses neuen Zustandes zumindest aus Sicht von Arbeitnehmerinnen und Arbeitnehmern in Festanstellungsverhältnissen kaum sinnvoll erscheinen lässt. Überdies hält etwa Leitarbeit Migranten mitunter davon ab, sich erfolgreich zu integrieren. (SIEBENHÜTER 2011) Mit notwendigen Einschränkungen kann deshalb von latenten Ausschlussmechanismen im *Integrationskonzept 2010* gesprochen werden, die insbesondere Migrantinnen und Migranten betreffen.

Es zeichnet sich ein Wandel hin zur Ambition der Wertschöpfung mittels multinationaler Elitenrekrutierung ab. Es kann vor dem Hintergrund immer noch vorhandener Projekte zur Unterstützung und Einbindung von sozioökonomisch benachteiligten Gruppen aber nicht mit Sicherheit davon gesprochen werden, dass Elitenrekrutierung diese ablöst. Die Bedeutung von Nützlichkeit von Zuwanderinnen und Zuwanderern für das System wird dennoch angesichts des Verweises auf Urheberrechtsansprüche bestimmter Gruppen sichtbar – im Konzept werden als Beispiele Bauherren und Architekten genannt. (MAGISTRAT DER STADT FRANKFURT 2010:46)

Die Hervorhebung von ‚Kreativität' im Konzept versetzt Machtungleichgewichte angesichts ihrer Qualität, zum Lebendigsein zu gehören (WINNICOTT 1973:80 in CLEMENS 2003:138), mit einer sie verschleiernden Logik. So heißt es explizit: „Integration muss im Alltag gelebt werden[.]" (MAGISTRAT DER STADT FRANKFURT 2010:7) Einen Anknüpfungspunkt in der darwinschen Metaphorik bietet die Qualität des „Kampf[es] um's Leben" (NIETZSCHE 120 in: SARASIN 2009:83), auf die Nietzsche aufmerksam wurde und sie Machtbestrebungen zuordnete. (NIETZSCHE 120 in: SARASIN 2009:83) Konsequenterweise kommt es zu semantischen Überlappungen im Konzept und Darwins Metaphorik, was aber nicht heißen soll, die Metapher wäre deshalb besser geeignet, die Wirklichkeit zu beschreiben, als sie es jemals war. Dennoch deutet die Überlappungen auf ein kulturelles Artefakt in einem umfassenderen Entwurf eines kollektiven Selbstverständnisses hin, in dem Machtverhältnisse in Verbindung mit Kapital von zentraler Bedeutung sind. Eine Erklärung für die Undurchsichtigkeit der Machtverhältnisse liefert indes die Auseinandersetzung mit dem Netzwerkgedanken, der im Konzept mehrfach zum Ausdruck kommt. (MAGISTRAT DER STADT FRANKFURT 2010:4, 10, 26ff., 46ff., 52, 54, 55, 59) Es würde zu weit führen, ideologische Überschneidungen zwischen ihm und Darwins Metaphorik als deckungsgleich zu bezeichnen. Allerdings bestehen Ähnlichkeiten, was sich u.a. darin niederschlägt, dass die aktuellen Weichenstellungen in der Frankfurter Stadtpolitik für die betroffene Bevölkerung sehr risikobehaftet sind.

In *Der neue Geist des Kapitalismus* (2003) weisen Boltanski und Chiapello auf die sozialwissenschaftliche Naturalisierung von Netzwerken hin. (BOLTANSKI & CHIAPELLO 2006:202f.) Charakteristisch für die Netzwerke ist die Austauschbarkeit der in sie gebundenen Akteure und Subjekte, respektive Arbeitskräfte, auf Grundlage von projektbasierter Arbeit. (LOACKER 2010:69; SENNETT 1998:201) Man stellt sich die Subjekte und Akteure hinsichtlich der Ausübung beruflicher Tätigkeiten vor, als ob sie permanent um einen Platz in diesen Netzwerken ringen, was die Diffusität der o.g. Machtverhältnisse und Ausschlusskriterien zu erklären vermag. Sennett bezeichnet die Netzwerke deshalb als „zugleich effizient und formlos[.]" (SENNETT 1998:71) Ausgeschlossene erwecken in dem Zuge den Anschein, als wären sie aktiv für ihren Ausschluss verantwortlich oder sie handelten aus freiem Entschluss, da man von ihnen erwartet, selbstständig von einem zu anderen Projekt zu wechseln, sollte dies der Erwerbsbiographie förderlich sein. Wie auch im Konzept wird permanente Umorientierung als kreativer Prozess verstanden, der Hand in Hand mit der Forderung nach Flexibilität seitens Arbeitgebern Anpassung an betriebliche Erfordernisse impliziert. (RITTERSHOFER 2007:246) Dies ermöglicht Anknüpfungspunkte zum *struggle for existence*. Zumal ein bestimmter Kontext, der auch für das *Integrationskonzept 2010* charakteristisch ist, dabei folgenreich ist: Der „moderne, flexible, Kapitalismus [kann] keineswegs nur auf ökonomischen Kräften des Marktes und des Profits basieren[,] sondern [er benötigt] die Mitwirkung einer großen Anzahl von Personen deren Möglichkeit, innerhalb des kapitalistischen Systems Profite zu erzielen gering sind." (BOLTANSKI & CHIAPELLO 2006:42 in: KOPPETSCH 2003:350-351) Mittel zum Zweck ist eine Einbindung flexibler Arbeitskräfte u.a. auf normativer Ebene. (BOLTANSKI & CHIAPELLO 2006:42 in: KOPPETSCH 2003:351) Wie im Zuge der Analyse gezeigt werden kann, sind Umdeutungen des Normativen im Konzept vorhanden. Die Möglichkeit des Aussortierens in Hinblick auf Einzelmaßnahmen und Projekte wird im *Integrationskonzept 2010* in Erwägung gezogen. (MAGISTRAT DER STADT FRANKFURT 2010:7) *Mutatis mutandis* kann dies als sozialdarwinistische Nuance im Sinne einer *natural selection* verstanden werden.

Die Umstände in diesem Kontext erweisen sich als riskant für Betroffene, weil sie bereit dazu sein müssen, sich permanent umorientieren, um ihren Lebensunterhalt zu bestreiten. (SENNETT 1998:97) Sennett verweist ferner auf den Umstand, dass in diesen riskanten Kontexten *Winner-take-All-Markets* nach Frank und Cook entstünden. (FRANK & COOK 1995 in: SENNETT 1998:119) Sprich, beim Zerschlagen von Unternehmen oder Organisationen generieren wenige Subjekte bzw. Akteure sehr hohe Gewinne, während die Mehrheit leer ausgeht. In der Folge verstärkt Flexibilität Ungleichheit. (FRANK & COOK 1995 in: SENNETT 1998:119) Auch Thiel greift Risiken kreativer Stadtpolitik am Beispiel Berlin auf, in dem Superstars auf der einen und prekäre Verhältnisse auf der anderen Seite existierten. (THIEL 2011:115) Es ist indes auf normativer Ebene äußerst fraglich, ob sich die Frankfurter Stadtgesellschaft dem Risiko des Vorantreibens sozialer Disparitäten aussetzen will, welches das Verständnis einer kreativen Stadtgesellschaft mit Netzwerkcharakter mit sich führt. Darin begründete Unsicherheiten werden zumindest mit Bezug auf Berlin in den Augen von Betroffenen nur im Teil von der Möglichkeit der Selbstbestimmtheit kompensiert. (MANSKE; MERKEL 2008:45 in: THIEL 2011:115) Auch besteht die Möglichkeit der Gentrifizierung von Stadtteilen. (THIEL 2011:117) Eine konkrete Antwort darauf, wie beispielsweise der Verdrängung von sozial-schwachen Subjekten aus Stadtteilen im Zuge der Gentrifizierung entgegengewirkt würde, finden sich in dem Konzept streng genommen nicht, obwohl in Zuzug eine Ressource gesehen wird (MAGISTRAT DER STADT FRANKFURT 2010:2), Menschen zum Bleiben bewegt werden sollen (MAGISTRAT DER STADT FRANKFURT 2010:23) und der ‚Frankfurter Vertrag' dazu beitragen soll, für eine sozial verträgliche Belegungspolitik zu sorgen. (MAGISTRAT DER STADT FRANKFURT 2010:46)

In toto schlägt sich dies in einer Mischform beider Liberalismusmodelle zum gegenwärtigen Zeitpunkt nieder. Mit Bezug auf den sich seit dem Jahr 2000 vollziehenden Wandel in der Ausrichtung der Projekte des *AmkA*, kann darin ein Beleg für den Einfluss des Neuen Realismus auf die Integrationspolitik Frankfurts gesehen werden. Letztendlich waren die integrationspolitischen Bemühungen des *AmkA* vor dem Aufleben des Neuem Realismus primär von einer Politik der Differenz geprägt. Ökonomie und Vernetzung gewannen erst danach an Bedeutung in der kommunalen Integrationspolitik.

Ein Vergleich der Ergebnisse aus den beiden Analysen ergibt, dass mit Hinsicht auf den Duktus des Neuen Realismus stilistisch keine Deckungsgleichheit zwischen den ausgewählten Schriftstücken besteht. Das Konzept stellt aber aufgrund des Aufgreifens von Vorwürfen seitens des Neuen Realismus gegen Multikulturalismus offenbar eine Reaktion auf ihn im Allgemeinen, nicht Sarrazin, dar. Es können fernerhin Berührungspunkte ideologischer Natur identifiziert werden, die mit quasi-religiösem Charakter einhergehen. Dies betrifft den Glauben an eine primär ökonomisch verfasste Welt, die Inkaufnahme des Vorantreibens von Machtungleichgewichten *in puncto* sozio-ökonomisch besser und schlechter gestellter Gruppen und Ausschlussmechanismen, die insbesondere für Menschen mit Migrationshintergrund relevant sind. Allerdings sind diese in Sarrazins Ausführungen offensichtlich und im *Integrationskonzept 2010* in Form eines netzwerkkapitalistischen Kreativstandortgedankens undurchsichtig und eventuell nicht intendiert. Es kann mit Bezug darauf nicht ausgeschlossen werden, ob eine sinnverwandte Ausprägung von modernem Eliten-Rassismus im Integrationskonzept vorhanden ist, welcher sich nach van Dijk dadurch auszeichnet, dass die Existenz von Rassismus geleugnet wird. (VAN DIJK 1998:285) Fraglich ist dieser Befund jedoch, weil rhetorisch lediglich ein ‚neutraler Raum' geschaffen wird, während ‚Rassismus' an anderer Stelle des Konzeptes weiterhin ein Faktum darstellt. Es könnte sich somit um ein kontextabhängiges Moment handeln, respektive in Bezug auf die Arbeitswelt, und zudem nicht beabsichtigt sein. Ein Machtungleichgewicht zu Gunsten der ‚Wirtschaft' ist allerdings ohne jeden Zweifel vorhanden.

Ein aristokratisch-naturalistischer Duktus ist für das Konzept nicht unbedingt charakteristisch. Zwar nehmen bezifferbare Werte im Sinne von Profit einen hohen Stellenwert ein, was einen

Bezug zu Naturwissenschaften zulässt, dieser ist aber letztendlich nicht eindeutig genug, um von Naturalismus zu sprechen. Aristokratisch muten die Machtungleichgewichte zu Gunsten besser gestellter Subjekte und Akteure hingegen durchaus an. Fernerhin wirkt das Integrationskonzept angesichts der Unterbesetzung des *AmkA* ambitioniert, weshalb unklar ist, inwieweit die im Konzept formulierten Ziele überhaupt umgesetzt werden. Das *AmkA* kann ferner nur mit Einschränkungen als unabhängiger Akteur betrachtet werden. Seine kommunalen Aktivitäten orientieren sich an Bundes- und Landesrecht, europäischem Recht sowie internationaler Konventionen und Vereinbarungen. Will heißen: Das *AmkA* sollte nicht als treibende Kraft, sondern als Mittler im Kontext umfassenderer gesellschaftspolitischer Entwicklungen und Machtverhältnisse betrachtet werden. Es spricht deshalb aber auch vieles dafür, die Befunde über das *Integrationskonzeptes 2010* mit den notwendigen Einschränkungen auf Städte mit vergleichbarer Größe und Infrastruktur sowie heterogener Bevölkerung im deutsch-europäischen Kontext übertragen zu können, selbst wenn sie im Zweifelsfall nur die Stadt Frankfurt betreffen.

Summa summarum heißt das bezüglich der Hypothesen, die den Analysen vorangestellt wurden, dass (1) im Sinne des Slogans „Fordern und Fördern" wirtschaftliche Interessen eindeutig ausschlaggebend in der Integrationspolitik sind. Dies geht mit einer quasi-religiösen Qualität einher, welche für ihre eigene Ideologie blind zu sein scheint. (2) Es wäre unzulässig von *gezielter* Nutzenmaximierung durch offensichtliche oder latente Ausgrenzung bestimmter Gruppen, respektive Farbiger und Muslimen, anstelle von einer Politik der Differenz auszugehen. D. h. bei Sarrazin ist dies zwar gewiss der Fall, aber es finden sich im Frankfurter *Integrationskonzept 2010* keine konkreten Anhaltspunkte dafür. Die Machtverhältnisse sind systembedingt aber auch diffus und ungleich gewichtet. Konzeptionelle Weichenstellungen in Richtung Kreative Stadtentwicklung erweisen sich derweil insbesondere für Arbeitnehmerinnen und Arbeitnehmern mit Migrationshintergrund hinsichtlich des Einforderns von Flexibilität seitens Arbeitgebern als besonders risikobehaftet, was ihre Integration entsprechend wenig begünstigt. Drohende Prekarisierung und mögliche Gentrifizierung von Stadtteilen in denen sozioökonomisch schwächere Teile der Bevölkerung leben – dazu gehören in entscheidendem Maße auch Migrantinnen und Migranten – droht, dieses Risiko zu verschärfen und die Chance auf Teilhabe zu verwehren. Handlungsimplikationen im Sinne einer Unterscheidung von Liberalismus 1 und 2 gleichen zum gegenwärtigen Zeitpunkt indes einem Spiel auf zweistimmiger Klaviatur. (3) Ein wirtschaftsliberaler Duktus hat zweifellos Einzug in die deutsche Integrationspolitik gehalten. Der Ökonomie dienliche Ansätze überschatten sukzessive immer weitere Teile der Agenden.

Da eine Gesellschaft, in der einzig und alleine ökonomische Faktoren von Bedeutung sind, nicht umhin kommt, Interessenlagen der Bevölkerung teleologisch umzudeuten, erscheint diese Praxis nicht nur in Bezug auf die Einbindung von Migrantinnen und Migranten nicht verheißungsvoll. Zudem ist sie bezüglich Zustimmung seitens der Bevölkerung vermutlich nicht legitim. (4) Aufgrund geringer Budgetierung, Unterbesetzung und keiner einheitlichen Zielsetzung auf Länder- und/oder Bundesebene ist die Umsetzung der Agenden ferner nur mit Einschränkungen gewährleistet. Dies gestaltet Prognosen für die Zukunft entsprechend schwierig. Staatliche Steuerungsmöglichkeiten zwecks Entgegenwirken unliebsamer Formen des Ausschlusses erscheinen aber begrenzt. Im Wesentlichen wird Steuerung aber ohnehin Märkten überlassen.

11. Fazit und Ausblick

Schönwälder beurteilt die Situation für konstruktive Bemühungen zur Verbesserung der Stellung von Migranten und ihrer Nachkommen in Deutschland als günstig, obwohl dies nicht immer mit Ansätzen zur Betonung kultureller Vielfalt oder gesteigerter öffentlicher Repräsentation von Minderheiten als Gruppen einherginge. (SCHÖNWÄLDER 2010:152-153 in: VERTOVEC & WESSENDORF 2010[1]) Vor dem Hintergrund der Ergebnisse dieser Studie kann sich dieser Einschätzung nicht angeschlossen werden, wenngleich jedwede Prognose rein spekulativ ist. Der Grund dafür ist, dass Ungleichgewichte im Einfluss auf den Diskurs sowie mögliche Gentrifizierung und Prekarisierung das *Integrationskonzept 2010* zu einem Wegbereiter für riskante Weichenstellungen in der Frankfurter Stadtpolitik machen könnte. Von einem Ausschluss sozial-schwacher Gruppen wird ausgegangen. Obendrein finden sich keine Belege für positive Entwicklungen hinsichtlich eines friedvollen Miteinanders, was sinnverwandte Weichenstellungen betrifft. Stattdessen bekräftigen Einschätzungen, die etwa in Leiharbeit ein Integrationshemmnis für Migrantinnen und Migranten sehen, in der Vermutung, dass soziale Disparitäten zu Auftrieb verholfen werden könnten, was vermutlich eher in Konflikthaftes überginge. Aufschlussreich könnte deshalb sein, die Ausbreitung von Leiharbeit und atypischen Beschäftigungsverhältnissen überhaupt zu verfolgen und deren Einfluss auf Integration genauer zu bestimmen. Ferner ist die Diffusität der Macht- und Ausschlussverhältnisse in Frankfurt zwar erklärbar, aber immer noch unzureichend analysiert, weshalb Trends *in puncto* Unternehmenskultur ortsansässiger Unternehmen gesteigertes Interesse erfahren sollten.

Ferner ist es für die Identifizierung eines modernen aristokratischen Naturalismus vielleicht noch zu früh. Schließlich liegen die Publikation des Werkes von Sarrazin und die des *Integrationskonzeptes 2010* nicht weit genug auseinander, um von einem unmittelbaren Einfluss auszugehen. Da etwas weiter zurückliegende dialektische Muster des Neuen Realismus offenbar einen Effekt auf integrationspolitische Weichenstellungen hatten, erscheint es aber nicht unbegründet, von einem, der seine Beheimatung in Sarrazins Duktus speziell findet, in naher Zukunft auszugehen. Ob dem so sein wird, kann jedoch nur die Zukunft zeigen.

Literaturverzeichnis

ALIBHAI-BROWN, Y. (2000): *After Multiculturalism*, London Foreign Policy Centre. in: KYMLICKA, W. (2010): *The rise and fall of multiculturalism? New debates on inclusion and accomodation in diverse societies*. S. 32-49. in: VERTOVEC, S. & WESSENDORF, S. (Hrsg.) (2010[1]): *The Multiculturalism Backlash. European discourses, policies and practices*. London/New York: Routledge.

AMMANN, L. (2006): *Tariq Ramadan - die konservative Reform*. in: AMIRPUR, K.; AMMANN, L. (Hrsg.) (2006): *Der Islam am Wendepunkt: liberale und konservative Reformer einer Weltreligion*. Herder, Freiburg i.Br. S. 23-33

AMT FÜR MULTIKULTURELLE ANGELEGENHEITEN (2009): *20 Jahre AmkA*. Frankfurt.
Onlinesource: »http://www.frankfurt.de/sixcms/media.php/738/Publ_20_Jahre_AmkA.pdf« (Stand 2009) (zuletzt aufgerufen: 22.11.2011)

AMT FÜR MULTIKULTURELLE ANGELEGENHEITEN (2011): *Die Chronologie des Amts für multikulturelle Angelegenheiten (AmkA)*. Frankfurt.
Onlinesource: »http://www.frankfurt.de/sixcms/media.php/738/Publ_20_Jahre_AmkA.pdf« (Stand 2011) (zuletzt aufgerufen: 22.11.2011)

ARONOFF, M. (2001): *Handbook of Linguistics*. Blackwell: Malden & Oxford. S. 428-445

ATEŞ, S. (2009): *Der Islam braucht eine sexuelle Revolution*. Berlin: Ullstein.

BAHNERS, P. (2011): *Die Panikmacher – Die deutsche Angst vor dem Islam. Eine Streitschrift*. München: C.H. Beck.

BASF AG (Hrsg.) (2008): *Langzeitstudie über Rechtschreib- und elementare Rechenkenntnisse bei Ausbildungsplatzbewerbern*. Ludwigshafen.

BERLIN-INSITUT FÜR BEVÖLKERUNGSENTWICKLUNG (Hrsg.) (2009): *Ungenutzte Potenziale. Zur Lage der Integration in Deutschland*. Berlin. S. 26f., und eigene Berechnungen von SARRAZIN, T. in: SARRAZIN, T. (2010): *Deutschland schafft sich ab – Wie wir unser Land aufs Spiel setzen*. (9. Aufl.) München: Deutsche Verlags-Anstalt/Random House.

BILTON, C. (2007): *Management an creativity. From creative industries to creative management*. Oxford: Blackwell.

BILTON, C. (2007): *Management an creativity. From creative industries to creative management*. Oxford: Blackwell Publishing. in: THIEL, J. (2011): *Hoffnungsträger Kreativität? Ambivalenzen einer (Sozial-)Ökonomie der kreativen Stadt*. in: HERRMANN, H.; KELLER, C.; NEEF, R.; RUHNE, R. (Hrsg.) (2011): *Die Besonderheit des Städtischen*. Wiesbaden: VS Verlag für Sozialwissenschaften / Springer Fachmedien. S. 105-126

BOLTANSKI, L.; CHIAPELLO, E. (2003): *Der neue Geist des Kapitalismus*. Konstanz: UVK-Verlagsgesellschaft.

BRUNKHORST, H. (2009): *There will be Blood. Konstitutionalisierung ohne Demokratie.* in: BRUNKHORST, H. (Hrsg.) (2009): *Demokratie in der Weltgesellschaft* (Sonderheft Soziale Welt 18). S. 99-126

BÜNDNIS 90/DIE GRÜNEN-BUNDESTAGSFRAKTION (2006): *Perspektive Staatsbürgerin und Staatsbürger. Für einen gesellschaftlichen Integrationsvertrag.* 30. Mai. 2006. in: SCHÖNWÄLDER, K. (2010): *Germany – Integration policy and pluralism in a self-conscious country of immigration.* in: VERTOVEC, S. & WESSENDORF, S. (Hrsg.) (2010[1]): *The Multiculturalism Backlash. European discourses, policies and practices.* London/New York: Routledge. S. 155-156

BUTTERWEGGE, C. (2008): *Definitionen. Einfallstore und Handlungsfelder des Rechtspopulismus.* S. 11-78. in: BUTTERWEGGE, C.; HENTGES, G. (Hrsg.) (2008): *Rechtspopulismus, Arbeitswelt und Armut: Befunde aus Deutschland, Österreich und der Schweiz.* Opladen & Farmington Hills: Verlag Barbara Budrich. in: LANZ, S. (2009): *Der lange Schatten der Kulturnation. Städtische Einwanderungspolitiken am Beispiel von Berlin.* S. 66-69. in: BAYER, N. (Hrsg.): *Crossing Munich: Beiträge zur Migration aus Kunst, Wissenschaft und Aktivismus.* anlässlich von „Crossing Munich. Orte, Bilder und Debatten der Migration" Kulturreferat der Landeshauptstadt München. München: Schreiber.

COHN-BENDIT, D.; SCHMID, T. (1993): *Heimat Babylon.* Hamburg: Hoffmann und Campe. in: AMT FÜR MULTIKULTURELLE ANGELEGENHEITEN (2009): *20 Jahre AmkA.* Frankfurt.
Onlinesource: »http://www.frankfurt.de/sixcms/media.php/738/Publ_20_Jahre_AmkA.pdf« (Stand 2009) (zuletzt aufgerufen: 22.11.2011)

CRUSE, A. (2004): *Meaning in Language. An Introduction to Semantics and Pragmatics.* 2. Aufl. Oxford: OUP.

DARWIN, C. (1871): *The Descent of Man, and Selection in Relation to Sex.* London: John Murray. in: SARASIN, P. (2009): *Darwin und Foucault.* Frankfurt/M.: Suhrkamp.

DARWIN, C. (1859): *On the Origin of Species by Means of Natural Selection, or the Preservation of Favoured Races in the Struggle for Life*, London: John Murray (2. Aufl. 1860). in: SARASIN, P. (2009): *Darwin und Foucault.* Frankfurt/M.: Suhrkamp.

DEUTSCHER GEWERKSCHAFTSBUND (Hrsg.) (2006): *Reife ist eine Frage des Forderns und Förderns.* Eine Handreichung des DGB zur Ausbildungsreife, DGB-Bundesvorstand.
Onlinesource: »http://www.dgb.de/themen/++co++mediapool-959e6d43c50ef4bb3840aae5a1a721db« (zuletzt aufgerufen: 22.11.2011)

DROSAL, W.; PARAMENTIER, K.; SCHOBER, K. (1997): *Mangelnde Schulleistungen oder überzogene Anforderungen?* BeitrAB 216, S. 38-47

EBENRETT, H. J.; HANSEN. D.; PUZICHA K. J. (2002): *Verlust von Humankapital in Regionen mit hoher Arbeitslosigkeit.*
Onlinesource:»http://www.bpb.de/publikationen/LENL2A,2,0,Verlust_von_Humankapital_in_Regionenmit_hoher_Arbeitslosigkeit.html#art2« (zuletzt aufgerufen: 22.11.2011)

EHRENSTEIN, C. (2010): *Die Zwangsheirat ist kein Kavaliersdelikt mehr*, Welt, 28. Oktober 2010.

ENDLICHER, W. & GERSTENGARBE, F. W. (Hrsg.) (2007): *Der Klimawandel - Einblicke, Rückblicke und Ausblicke*. Potsdam: Potsdam Institut für Klimafolgenforschung. S. 44-55

ESKANDARI-GRÜNBERG, N. (2009): *In Frankfurt zuhause*. in: AMT FÜR MULTIKULTURELLE ANGELEGENHEITEN (2009): *20 Jahre AmkA*. Frankfurt. S. 122-126
Onlinesource: »http://www.frankfurt.de/sixcms/media.php/738/Publ_20_Jahre_AmkA.pdf« (Stand 2009) (zuletzt aufgerufen: 22.11.2011)

FAIRCLOUGH, N. (1995): *Media Discourse*. London: Arnold.

FAIRCLOUGH, N. & WODAK, R. (1997). Critical Discourse Analysis. in: VAN DIJK, T. (2003): *Discourse Studies. A Multidisciplinary Introduction*, in: SCHIFFRIN, D.; TANNEN, D.; EHERNBERGER HAMILTON, H. (Hrsg.) (2003): *The Handbook of Discourse Analysis*. Oxford: Blackwell. S. 352-371

FALKE, G. (2010): *Seyran Ates: Der Islam braucht eine sexuelle Revolution – In der abgeschlossenen Tratschgesellschaft wird die Ehre schnell zum Problem. Frankfurter Allgemeine Zeitung*, 4. Februar 2010.
Onlinesource: »http://www.faz.net/-00lq52« (Stand 2010) (zuletzt aufgerufen: 22.11.2011)

FILSINGER, D. (2002): *Die Entwicklung der kommunalen Integrationspolitik und Integrationspraxis der neunziger Jahre*. iza, 24/2: 13-20. in: SCHÖNWÄLDER, K. (2010): *Germany – Integration policy and pluralism in a self-conscious country of immigration*. S. 152-169. in: VERTOVEC, S. & WESSENDORF, S. (Hrsg.) (2010[1]): *The Multiculturalism Backlash. European discourses, policies and practices*. London/New York: Routledge. S.159

FEATHERSTONE, M. (1996): *Localism, Globalism, and Cultural Identity*. in: WILSON R.; DISSANAYAKE W. (1999): *Global/Local: Cultural Production and the Transnational Imaginary*. Durham NC: Duke Univ. Press. S. 46-77

FRANK, R. & COOK, P. (1995): *The Winner-take-it-All Society*. New York: Free Press. in: SENNETT, R. (1998): *Der flexible Mensch. Die Kultur des neuen Kapitalismus*. Berlin Verlag: Berlin.

FREEMAN, G.P. (2004): *Immigrant incorporation in Western democracies*. International Migration Review, 38(3): S. 945-969. in: VERTOVEC, S. & WESSENDORF, S. (2010[2]): *Assessing the backlask against multiculturalism in Europe*. S. 1-31. in: VERTOVEC, S. & WESSENDORF, S. (Hrsg.) (2010[1]): *The Multiculturalism Backlash. European discourses, policies and practices*. London/New York: Routledge. S. 2

FREVERT, U. (1991): *Ehrenmänner. Das Duell in der bürgerlichen Gesellschaft*. München: Beck. in: SARASIN, P. (2009): *Darwin und Foucault*. Frankfurt/M.: Suhrkamp.

GANS, P. (2007): *Exkurs 23.14: Regionale Konsequenzen der zukünftigen Bevölkerungsentwicklung – der demographische Wandel*. in: GEBHARDT, H.; GLASER, R.; RADTKE, U.; REUBER, P. [Hrsg.] (2007): *Geographie – Physische Geographie und Humangeographie*. München/Heidelberg: elsevier/Spektrum-Verlag. S. 782-783

GEIßLER, R.; PÖTTKER, H. (Hrsg.) (2005): *Massenmedien und die Integration ethnischer Minderheiten in Deutschland. Problemaufriss, Forschungsstand, Bibliographie*. Bielefeld: Transcript. in: SCHÖNWÄLDER, K. (2010): *Germany – Integration policy and pluralism in a self-conscious country of immigration*. S. 152-169 in: VERTOVEC, S. & WESSENDORF, S. (Hrsg.) (2010[1]): *The Multiculturalism Backlash. European discourses, policies and practices*. London/New York: Routledge. S.161.

GESETZ ZUR STEUERUNG UND BEGRENZUNG DER ZWANDERUNG UND ZUR REGELUNG DES AUFENTHALTS UND DER INTEGRATION VON UNIONSBÜRGERN UND AUSLÄNDERN (Zuwanderungsgesetz - ZuwandungsG): k.a. Abk.; G. v. 30.07.2004 BGBl. I S. 1950 (Nr. 41); zuletzt geändert durch Artikel 2 G. v. 20.12.2008 BGBl. I S. 2846; Geltung ab 06.08.2004, abweichend siehe Artikel 15

GLAZER, N. (1997): *We Are All Multiculturalists Now*. Cambridge NH. [et al.]: Harvard Univ. Press.

GOGOLIN, I. (2005): *Bilingual Education – the German Experience and Debate*. in: ARBEITSSTELLE INTERKULTURELLE KONFLIKTE UND GESELLSCHAFTLICHE INTEGRATION (Hrsg.) (2005): *The Effectiveness of Bilingual School Programs for Immigrant Children*. Berlin: Social Science Research Center. S. 133-43. in: SCHÖNWÄLDER, K. (2010): *Germany – Integration policy and pluralism in a self-conscious country of immigration*. S. 152-169. in: VERTOVEC, S. & WESSENDORF, S. (Hrsg.) (2010[1]): *The Multiculturalism Backlash. European discourses, policies and practices*. London/New York: Routledge. S. 160

HABERMAS, J. (1976): *Zur Rekonstruktion des Historischen Materialismus*. Frankfurt/M.: Suhrkamp. in: ISER, M.; STRECKER, D. (2010): *Jürgen Habermas – zur Einführung*. Hamburg: Junius.

HABERMAS, J. (1981[1]): *Theorie des kommunikativen Handelns. Band I., Handlungsrationalität und gesellschaftliche Rationalisierung*. Frankfurt/M.: Suhrkamp. in: ISER, M.; STRECKER, D. (2010): *Jürgen Habermas – zur Einführung*. Hamburg: Junius.

HABERMAS, J. (1981[2]): *Theorie des kommunikativen Handelns. Band II., Zur Kritik der funktionalen Vernunft*. Frankfurt/M.: Suhrkamp. in: ISER, M.; STRECKER, D. (2010): *Jürgen Habermas – zur Einführung*. Hamburg: Junius.

HABERMAS, J. (1983): *Moralbewußtsein und kommunikatives Handeln*. Frankfurt/M.: Suhrkamp. S. 103 & 132. in: ISER, M.; STRECKER, D. (2010): *Jürgen Habermas – zur Einführung*. Hamburg: Junius.

HABERMAS, J. (2005): *Zwischen Naturalismus und Religion. Philosophische Aufsätze*. Frankfurt/M.: Suhrkamp. in: ISER, M.; STRECKER, D. (2010): *Jürgen Habermas – zur Einführung*. Hamburg: Junius.

HABERMAS, J. (1968¹): *Erkenntnis und Interesse*. 2. Aufl. mit Nachwort (1973). Frankfurt/M.: Suhrkamp. in: ISER, M.; STRECKER, D. (2010): *Jürgen Habermas – zur Einführung*. Hamburg: Junius.

HABERMAS, J. (1968²): *Technik und Wissenschaft als Ideologie*. Frankfurt/M.: Suhrkamp. in: ISER, M.; STRECKER, D. (2010): *Jürgen Habermas – zur Einführung*. Hamburg: Junius.

HABERMAS, J. (1973): *Kultur und Kritik. Verstreute Aufsätze*. Frankfurt/M.: Suhrkamp. in: ISER, M.; STRECKER, D. (2010): *Jürgen Habermas – zur Einführung*. Hamburg: Junius.

HABERMAS, J. (1961): *Strukturwandel in der Öffentlichkeit. Untersuchungen zu einer Kategorie der bürgerlichen Gesellschaft*. Neuaufl. mit Vorwort (1990). Frankfurt/M.: Suhrkamp. in: ISER, M.; STRECKER, D. (2010): *Jürgen Habermas – zur Einführung*. Hamburg: Junius.

HABERMAS, J. (1996): *Die Einbeziehung des Anderen. Studien zur politischen Theorie*. Frankfurt/M.: Suhrkamp. in: ISER, M.; STRECKER, D. (2010): *Jürgen Habermas – zur Einführung*. Hamburg: Junius.

HALL, S. (2001): *The multicultural question*. Milton Keynes: Open Univ. Pavis Papersin Social and Cultural Recearch no. 4. S. 3 in: VERTOVEC, S. & WESSENDORF, S. (Hrsg.) (2010): *The Multiculturalism Backlash. European discourses, policies and practices*. London/New York: Routledge. S. 2

HALISCH, J. (2008): *Frankfurter Integrationsstudie 2008*. Europäisches Forum für Migrationsstudien: Bamberg.
Onlinesource:
»http://www.frankfurt.de/sixcms/media.php/738/Ffm_Integrationsstudie_08.pdf« (zuletzt aufgerufen: 22.11.2011)

HARTMANN, M. (2011): *Die Transnationale Klasse – Mythos und Realität*. in: KOPPETSCH, C. (Hrsg.) (2011): *Nachrichten aus den Innenwelten des Kapitalismus: Zur Transformation moderner Subjektivität*. Wiesbaden: VS Verlag für Sozialwissenschaften. S. 79-98

HÄCKER, H.; STAMPF, K.-H. (Hrsg.) (2004): *Dorsch Psychologisches Wörterbuch*. Bern: Huber.

HEITMEYER, W. (1996): ‚*Für türkische Jugendliche in Deutschland spielt der Islam eine wichtige Rolle'*, Die Zeit, 23. August. in: VERTOVEC, S. & WESSENDORF, S. (2010): *Introduction: assessing the backlash against multiculturalism in Europe*. in: VERTOVEC, S. & WESSENDORF, S. (Hrsg.) (2010¹): *The Multiculturalism Backlash. European discourses, policies and practices*. London/New York: Routledge. S. 7-8

HELLER, K. A. (Hrsg.) (2000): *Begabungsdiagnostik in der Schul- und Erziehungsberatung*. (2. Aufl.). Bern: Huber.

HERRMANN, H.; KELLER, C.; NEEF, R.; RUHNE, R. (Hrsg.) (2011): *Die Besonderheit des Städtischen*. Wiesbaden: VS Verlag für Sozialwissenschaften / Springer Fachmedien.

HESS. S.; BINDER, J.; MOSER, J. (Hrsg.) (2009): *No integration?! Kulturwissenschaftliche Beiträge zur Integrationsdebatte in Europa.* Bielefeld: Transcript. S. 137-152

HONNETH, A. (2004): *Anerkennung als Ideologie.* in: WestEnd 1.Jg., Heft 1, S. 51-70

HUANG, Y. (2006): *Pragmatics.* Oxford: OUP.

HUNTINGTON, S (1996): *The Clash of Civilizations and the Remaking of World Order.* London: Simon & Schuster UK.

HURRELL, A (2007): *On Global Order. Power, Values, and the Constitution of International Society.* Oxford: OUP. S. 25-57

IKÄHEIMO, H. (2002): *On the Genus of Species of Recognition.* in: INQUIRY, Vol. 45 (4), S. 447-462. in: HONNETH, A. (2004): *Anerkennung als Ideologie.* in: WestEnd 1.Jg., Heft 1, S. 51-70

INTERNETAUFTRITT DER BÜRGERBEWEGUNG PRO KÖLN E.V. (2011): »http://www.pro-koeln.org« (zuletzt aufgerufen: 22.11.2011)

INTERNETAUFTRITT DER STADT FRANKFURTAM MAIN (2011): Startseite > Rathaus > Ämter und Institutionen > Amt für multikulturelle Angelegenheiten > Schule & Bildung > Kita Schworalle.
Onlinesource:
»http://www.frankfurt.de/sixcms/detail.php id=2889&_ffmpar[_id_inhalt]=352592« (zuletzt aufgerufen: 22.11.2011)

INTERNETAUFTRITT DER ZENTRALMOSCHEE KÖLN (DITIB); »http://www.zentralmoschee-koeln.de« (Stand 2011) (zuletzt aufgerufen: 22.11.2011)

INTERNETAUFTRITT DES AMTES FÜR MULTIKULTURELLE ANGELEGENHEITEN (2011): »http://www.amka.de« (Stand 2011) (zuletzt aufgerufen: 22.11.2011)

INTERNETAUFTRITT DES DEUTSCHLANDFUNKS (2011): *Matthias Hof im Gespräch mit Elsbeth Stern*, Beitrag vom 03.09.2010.
Onlinesource: »http://wissen.dradio.de/interview-intelligenz-geerbt-oder-erlernt.33.de.html?dram:article_id=5209« (Stand 2010) (zuletzt aufgerufen: 22.11.2011)

INTERNETAUFTRITT VON INTEGRATIONSKOMPASS (2011): »http://www.integrationskompass.de« (Stand 2009) (zuletzt aufgerufen: 22.11.2011)

IRELAND, P (2004): *Becoming Europe. Immigration, Integration, and the Welfare State.* Pittsburgh: Univ. of Pittsburgh Press. S. 60-115. in: SCHÖNWÄLDER, K. (2010): *Germany – Integration policy and pluralism in a self-conscious country of immigration.* S. 152-169. in: VERTOVEC, S. & WESSENDORF, S. (Hrsg.) (2010[1]): *The Multiculturalism Backlash. European discourses, policies and practices.* London/New York: Routledge. S. 159.

ISER, M.; STRECKER, D. (2010): *Jürgen Habermas – zur Einführung.* Hamburg: Junius.

KARAKAYALI, S. (2008): Gespenster der Migration. Zur Genealogie illegaler Migration in der Bundesrepublik Deutschland. Bielefeld: Transcript. in: RONNEBERGER, K.; TSIANOS,

V. (2008): *Panische Räume. Das Ghetto und die „Parallelgesellschaft".* S. 140. in: HESS. S.; BINDER, J.; MOSER, J. (Hrsg.) (2009): *No integration?! Kulturwissenschaftliche Beiträge zur Integrationsdebatte in Europa.* Bielefeld: Transcript. S. 137-153

KIPFER, R. & KEIL, S. (2002): *Toronto Inc? Planning the Competetive City in the New Toronto.* Antipode. Oxford: Blackwell. S. 227-264

KNOX, P.; MARSTN S.(2001): *Territorialität, Kongregation und Segregation* in: *Humangeographie.* Spektrum, Heidelberg/Berlin. S. 536

KOPPETSCH, C. (2004): *III Literaturbesprechungen – Besprechungsessay – Der neue Geist des Kapitalismus.* Kölner Zeitschrift für Soziologie und Sozialpsychologie. Vol. 56, No. 2. S. 350-353

KOPPETSCH, C. (Hrsg.) (2011): *Nachrichten aus den Innenwelten des Kapitalismus: Zur Transformation moderner Subjektivität.* Wiesbaden: VS Verlag für Sozialwissenschaften.

KRAUSE, T. (2008): *„Zwangsehe und "Ehrenmord" Auf der Flucht vor der Familie'*, Stern, 16. Dezember 2008.
Onlinesource: »http://www.stern.de/panorama/zwangsehe-und-ehrenmord-auf-der-flucht-vor-der-familie-649231.html« (zuletzt aufgerufen: 25.10.2011)

KYMLICKA, W. (2010): *The rise and fall of multiculturalism? New debates on inclusion and accomodation in diverse societies.* VERTOVEC, S. & WESSENDORF, S. (Hrsg.) (2010[1]): *The Multiculturalism Backlash. European discourses, policies and practices.* London/New York: Routledge. S. 32-49

LAITINEN, A. (2002): *Interpersonal Recognition: A Response to Value or a Precondition of Personhood?.* in: Inquiry, Vol. 45 (4), S. 462-478. in: HONNETH, A. (2004): *Anerkennung als Ideologie.* in: WestEnd 1.Jg., Heft 1, S. 51-70

LANZ, S. (2009): *Der lange Schatten der Kulturnation. Städtische Einwanderungspolitiken am Beispiel von Berlin.* S. 66-69 in: BAYER, N. (Hrsg.): *Crossing Munich: Beiträge zur Migration aus Kunst, Wissenschaft und Aktivismus.* anlässlich von „Crossing Munich. Orte, Bilder und Debatten der Migration" Kulturreferat der Landeshauptstadt München. München: Schreiber.

LEY, D. (2010): *Multiculturalism: a Canadian defence.* in: VERTOVEC, S.; WESSENDORF, S. (Hrsg.) (2010[1]): *The Multiculturalism Backlash. European discourses, policies and practices.* London/New York: Routledge. S. 190-206

LOACKER, B. (2010): *Kreativ prekär: Künstlerische Arbeit und Subjektivität im Postfordismus.* Bielefeld: Transkript.

LUFT, S. (2008): *„Multi-kulti ist gescheitert'*, *Tagesspiegel*, 17. Januar 2008.
Onlinesource: »http://www.tagesspiegel.de/meinung/kommentare/multikulti-ist-gescheitert/1142668.html« (zuletzt aufgerufen: 25.10.2011)

LUFT, S. (2008[1]): *Abschied von Multikulti: Wege aus der Integrationskrise.* München: Resch Verlag.

LÜKEN-KLAßEN, D. (2008): *Kommunale Diversitätspolitik in den Bereichen Beschäftigung und Dienstleistungen in Frankfurt am Main. Bericht im Rahmen des europäischen Städtenetzwerkes CLIP: Cities for Local Integration Policies.* Bamberg.
Onlinesource: »http://www.frankfurt.de/sixcms/media.php/738/CLIP_Diversity_deu.pdf« (zuletzt aufgerufen: 25.10.2011)

MAGISTRAT DER STADT FRANKFURT AM MAIN (Hrsg.) (2002): *Bericht des Magistrats vom 08.02.2002*, B 160, Frankfurt am Main.

MAGISTRAT DER STADT FRANKFURT (Hrsg.) (2010): *Integrationskonzept 2010 – Vielfalt bewegt Frankfurt Integrations- und Diversitätskonzept für Stadt, Politik und Verwaltung. Grundsätze Ziele Handlungsfelder.* Frankfurt.
Onlinesource:
»http://www.frankfurt.de/sixcms/media.php/738/Integrationskonzept_Magistrat_06_10.75815 9.pdf« (zuletzt aufgerufen: 25.10.2011)

MANSKE, A.; MERKEL, J. (2008): *Kreative in Berlin. Eine Untersuchung zum Thema GeisteswissenschaftlerInnen in der Kultur- und Kreativwirtschaft.* Discussion Paper SP III 2008-401. Berlin WZB. in: THIEL, J. (2011): *Hoffnungsträger Kreativität? Ambivalenzen einer (Sozial-)Ökonomie der kreativen Stadt.* in: HERRMANN, H.; KELLER, C.; NEEF, R.; RUHNE, R. (Hrsg.) (2011): *Die Besonderheit des Städtischen.* Wiesbaden: VS Verlag für Sozialwissenschaften / Springer Fachmedien. S. 105-126

MITCHELL, K. (1999): *In Whose interest? Transnational Capital and the Production of Multiculturalism in Canada.* in: WILSON R.; DISSANAYAKE W. (1999): *Global/Local: Cultural Production and the Transnational Imaginary.* Durham NC: Duke Univ. Press. S. 219-254

MIYOSHI, M. (1996): *A Borderless World? From Colonialism to Transnationalism and the Decline of the Nation-State.* in: WILSON R.; DISSANAYAKE W. (1999): *Global/Local: Cultural Production and the Transnational Imaginary.* Durham NC: Duke Univ. Press. S. 78-106

N. N. (2004): ,*Deutsche Städte: Angst vor ungebildeten Moslems*', *Focus*, 24. November 2004.
Onlinesource: »http://www.focus.de/politik/deutschland/deutsche-staedte_aid_88863.html« (zuletzt aufgerufen: 25.10.2011)

N. N. (2006): ,*Polizei bewacht härteste Schule Deutschlands*', *Bild*, 1. April 2006.

N. N. (2006): ,*Multi-kulti ist gescheitert*', *Bild*, 5. April 2006.

N. N. (2011): ,*Wulff: «Islam ist Teil von Deutschland»*', *Zeit, dpa*, 5. März 2011.
Onlinesource: »http://www.zeit.de/news-032011/5/iptc-hfk-20110305-74-29085752xml« (zuletzt aufgerufen: 25.10.2011)

N. N. (2011): *Integration: Frankfurts Konzept. Frankfurter Rundschau*, 3. Februar 2011.
Onlinesource: »http://www.fr-online.de/frankfurt/integration-frankfurts-konzept,1472798, 7151592.html« (zuletzt aufgerufen: 25.10.2011)

NIETZSCHE, F. (1888): *Götzendämmerung*. in: COLLI, G.; MONTINARI, M. (1980) *Kritische Studienausgabe*. München: dtv/de Gruyter. in: SARASIN, P. (2009): *Darwin und Foucault*. Frankfurt/M.: Suhrkamp.

NOHLEN, D.; SCHULZE R.-O. (2004): *Lexikon der Politikwissenschaft*. Bd 1. 2. Aufl. München: Beck.

NORDHAUS, U. (1997): *Mangelnde Ausbildungsreife der Jugend?* in: DROSAL, W.; PARAMENTIER, K.; SCHOBER, K. (1997): *Mangelnde Schulleistungen oder überzogene Anforderungen?* BeitrAB 216, S. 38-47.

OERTER, R.; MONTADA, L. (Hrsg.) (2002): *Entwicklungspsychologie. Ein Lehrbuch*. (5. Aufl.) Weinheim: Beltz.

O'KEEFFE, A. (2006). *Investigating Media Discourse*. Oxford: Routledge.

OPITZ, S. (2004): *Gouvernementabilität im Postfordismus. Macht, Wissen und Techniken des Selbst im Feld unternehmerischer Rationalität*. Kap. 8. Hamburg: Argument. HONNETH, A. (2004): *Anerkennung als Ideologie*. in: WestEnd 1.Jg., Heft 1, S. 51-70.

PAETH, H. (2007): *Klimamodellsimulationen*. in: ENDLICHER, W. & GERSTENGARBE, F. W. (Hrsg.) (2007): *Der Klimawandel - Einblicke, Rückblicke und Ausblicke*. Potsdam: Potsdam Institut für Klimafolgenforschung. S. 44-55.

PISA-KONSORTIUM DEUTSCHLAND (Hrsg.) (2006): *PISA 2006. Ergebnisse der dritten internationalen Vergleichsstudie. Zusammenfassung*.
Onlinesource: »http://pisa.ipn.uni-kiel.de/zusammenfassung_PISA2006.pdf« (zuletzt aufgerufen: 25.10.2011)

PRINS, B.; SLIPER, B (2002): *Multicultural society under attack : Introduction*. Journal of International Migration and Integration, 3(3/4). S. 313-328. in: VERTOVEC, S.; WESSENDORF, S. (Hrsg.) (2010[1]): *The Multiculturalism Backlash. European discourses, policies and practices*. London/New York: Routledge.

PÜTZ, H. (2003): *Zur Lage der dualen Berufsbildung in Deutschland – BIBB-Fachtagung Zukunft der Berufsausbildung in Deutschland – Empirische Untersuchungen und Schlussfolgerungen*.
Onlinesource: »http://www.bibb.de/dokumente/pdf/a21_ft-zukunf-berufsausbildung_ puetz.pdf« (zuletzt aufgerufen: 25.10.2011)

RAMADAN, T. (2009): *Radikale Reform. Die Botschaft des Islam für eine moderne Gesellschaft*. München: Diederichs/Random House.

RAMONET, I. (1996): *Megastädte*. Le Monde diplomatique Nr. 4948 vom 14.6.1996, 168 Dokumentation. Berlin: taz-Verlag. S. 1

RIEGER, G (2004): *Kommunitarismus*. S. 433. in: NOHLEN, D.; SCHULZE R.-O. (2004): *Lexikon der Politikwissenschaft*. Bd 1. 2. Aufl. München: Beck.

RIPPLINGER, S. (2010): *Sind Sie integriert?* Le Monde diplomatique Nr. 9366 vom 10.12.2010, 231 Dokumentation. Berlin: taz-Verlag. S. 2

RITTERSHOFER, C. (2007): *Lexikon Politik, Staat, Gesellschaft*. München: dtv. S. 246

RONNEBERGER, K.; TSIANOS, V. (2008): *Panische Räume. Das Ghetto und die „Parallelgesellschaft".* in: HESS. S.; BINDER, J.; MOSER, J. (Hrsg.) (2009): *No integration?! Kulturwissenschaftliche Beiträge zur Integrationsdebatte in Europa*. Bielefeld: Transcript. S. 137-152

ROUSSEAU, J.-J. (1959): *Les Rêveries du promeneur solitaire, »Cinquième Promena*de«, in: *Œuvres complètes*. Bd. 1, Paris: unbekannt. S. 1047. in: TAYLOR, C. (2009): *Multikulturalismus und die Politik der Anerkennung*. Frankfurt/M.: Suhrkamp.

SARASIN, P. (2009): *Darwin und Foucault*. Frankfurt/M.: Suhrkamp.

STAATSANGEHÖRIGKEITSGESETZ (*StAG*): G. v. 22.07.1913 RGBl. S. 583; zuletzt geändert durch Artikel 1 G. v. 08.12.2010 BGBl. I S. 1864; Geltung ab 01.01.1964
Onlinesource: »http://www.buzer.de/gesetz/4560/index.htm« (zuletzt aufgerufen: 25.10.2011)

SARRAZIN, T. (2010): *Deutschland schafft sich ab – Wie wir unser Land aufs Spiel setzen*. 9. Aufl. München: Deutsche Verlags-Anstalt/Random House.

SCHÄUBLE (2006): *‚Interview', Berliner Zeitung*. 6. April. in: VERTOVEC, S. & WESSENDORF, S. (Hrsg.) (2010[1]): *The Multiculturalism Backlash. European discourses, policies and practices*. London/New York: Routledge.

SCHIFFRIN, D.; TANNEN, D.; EHERNBERGER HAMILTON, H. (Hrsg.) (2003): *The Handbook of Discourse Analysis*. Oxford: Blackwell.

SCHÖNWÄLDER, K. (2010): *Germany – Integration policy and pluralism in a self-conscious country of immigration*. in: VERTOVEC, S. & WESSENDORF, S. (Hrsg.) (2010[1]): *The Multiculturalism Backlash. European discourses, policies and practices*. London/New York: Routledge. S. 152-169

SEDLACEK, P. (2007): *Kapitel 18: Wirtschaftsgeographie*. in: GEBHARDT, H.; GLASER, R.; RADTKE, U.; REUBER, P. (Hrsg.) (2007): *Geographie – Physische Geographie und Humangeographie*. München/Heidelberg: elsevier/Spektrum-Verlag. S. 661-695

SENNETT, R. (1998): *Der flexible Mensch. Die Kultur des neuen Kapitalismus*. Berlin Verlag: Berlin.

SIEBENHÜTER, S. (2011): *Integrationshemmnis Leiharbeit - Auswirkungen von Leiharbeit auf Menschen mit Migrationshintergrund*. Studie der Otto Brenner-Stiftung, Arbeitsheft 69: Frankfurt.

SLOTERDIJK, P. (1983): *Kritik der zynischen Vernunft*. Frankfurt/M.: Suhrkamp.

SPD (2006): *Leitlinien zur Integrationspolitik*. Beschluss des Präsidiums der Sozialdemokratischen Partei Deutschlands vom 10.07.2006. in: SCHÖNWÄLDER, K. (2010): *Germany – Integration policy and pluralism in a self-conscious country of immigration*. S. 152-169. in: VERTOVEC, S. & WESSENDORF, S. (Hrsg.) (2010[1]): *The Multiculturalism Backlash. European discourses, policies and practices*. London/New York: Routledge. S. 155

SPD (2006²): *Vogt: Integration braucht ‚faire Chancen' und ‚klare Regeln'*. 11.07.2006. in: SCHÖNWÄLDER, K. (2010): *Germany – Integration policy and pluralism in a self-conscious country of immigration*. S. 152-169. in: VERTOVEC, S. & WESSENDORF, S. (Hrsg.) (2010¹): *The Multiculturalism Backlash. European discourses, policies and practices*. London/New York: Routledge. S. 155

STUTTGART (2002): *Ein Bündnis für Integration. Grundlagen einer Integrationspolitik in der Landeshauptstadt Stuttgart*. Stadt Stuttgart. in: SCHÖNWÄLDER, K. (2010): *Germany – Integration policy and pluralism in a self-conscious country of immigration*. S. 152-169. in: VERTOVEC, S. & WESSENDORF, S. (Hrsg.) (2010¹): *The Multiculturalism Backlash. European discourses, policies and practices*. London/New York: Routledge. S. 159

TAYLOR, C. (2009): *Multikulturalismus und die Politik der Anerkennung*. Frankfurt/M.: Suhrkamp.

THIEL, J. (2011): *Hoffnungsträger Kreativität? Ambivalenzen einer (Sozial-)Ökonomie der kreativen Stadt*. in: HERRMANN, H.; KELLER, C.; NEEF, R.; RUHNE, R. (Hrsg.) (2011): *Die Besonderheit des Städtischen*. Wiesbaden: VS Verlag für Sozialwissenschaften / Springer Fachmedien. S. 105-126

VAN DIJK, T. (1998): *Ideology. A Multidisciplinary Approach*. London / Thousand Oaks / New Delhi: Sage.

VAN DIJK, T. (2001): *Introduction: What Is Critical Discourse Analysis?* in: D. Tannen, D. Schiffrin &; H. Hamilton (Hrsg.) (2001): *Handbook of Discourse Analysis*. Oxford: Blackwell. S. 352-371

VAN DIJK, T. (2003): *Discourse Studies. A Multidisciplinary Introduction*. in: SCHIFFRIN, D.; TANNEN, D.; EHERNBERGER HAMILTON, H. (Hrsg.) (2003): *The Handbook of Discourse Analysis*. Oxford: Blackwell.

VEREINTE NATIONEN (UN) (2011): *Befassung mit Staatenberichten nach dem Artikel 16 und 17 des Pakts. Abschließende Bemerkungen des Ausschusses für wirtschaftliche, soziale und kulturelle Rechte*. 46. Tagung, Genf 2.-20. Mai. 2011. Unredigierte Vorabfassung. Onlinesource: »http://www.tagesspiegel.de/downloads/4365526/1/UN-Bericht« (zuletzt aufgerufen: 25.10.2011)

VERTOVEC, S. & WESSENDORF, S. (2005): *Migration and cultural, religious and linguistic diversity in Europe: An overview of issues and trends*. Working Paper, WP-05-18. Centre of Migration, Policy and Society, University of Oxford.

VERTOVEC, S. & WESSENDORF, S. (Hrsg.) (2010¹): *The Multiculturalism Backlash. European discourses, policies and practices*. London/New York: Routledge.

VERTOVEC, S. & WESSENDORF, S. (2010²): *Assessing the backlask against multiculturalism in Europe*. in: VERTOVEC, S.; WESSENDORF, S. (Hrsg.) (2010¹): *The Multiculturalism Backlash. European discourses, policies and practices*. London/New York: Routledge. S. 1-31

VOß, G.; PONGRATZ, H. J. (1989): *Der Arbeitskraftunternehmer. Eine neue Grundform der Ware Arbeitskraft?*. in: Kölner Zeitschrift für Soziologie und Sozialpsychologie, Jg. 50 (1), S.131-158. in: HONNETH, A. (2004): *Anerkennung als Ideologie*. in: WestEnd 1.Jg., Heft 1, S. 51-70

WALZER, M. (2009): *Kommentar*. in: TAYLOR, C. (2009): *Multikulturalismus und die Politik der Anerkennung*. Frankfurt/M.: Suhrkamp. S. 93-98

WEIMER, W. (2004): ‚*Die Multi-Kulti-Lüge'*, *Cicero*, Ausgabe Dezember 2004. Onlinesource: »http://www.cicero.de/459.php?ausgabe=12/2004« (zuletzt aufgerufen: 25.10.2011)

WEIYUN HE, A. (2001): *17: Discourse Analysis*. in: ARONOFF, M. (2001): *Handbook of Linguistics*. Blackwell: Malden & Oxford. S. 428-445

WILSON R.; DISSANAYAKE W. (1999): *Global/Local: Cultural Production and the Transnational Imaginary*. Durham NC: Duke Univ. Press.

WINNICOTT, D. (1973): *Vom Spiel zur Kreativität*. Stuttgart: Klett. S. 80. in: CLEMENS, M. (2003): *Freud und Leonardo. Eine Kritik psychoanalytischer Kunstinterpretation*. Frankfurt am Main: Brandes & Apsel.